みんなの精神分析

その基礎理論と実践の方法を語る

山崎　篤　著

精神分析的精神療法家
Yamasaki Atsushi

tomi shobo
遠見書房

はじめに。本書の書き方と読み方について一言

本書は、精神分析って何？と思われている他業界の方から、臨床心理学や医学を志し、そのための学校等で勉強されている方まで幅広い読者を想定しております。なので、一部訓練についても触れている箇所がありま す。ただし、必要不可欠なことだけをできれば面白おかしく書いていて、それは当然ワタクシの訓練時代のことを振り返ったわけで、ある意味青春小説とでも言えそうに思います。

で。

本書は、はじめから一気に読んで頂けると良いかと思います。

BSでやっているような教養番組、しかもエンタメ系のものを一本ご覧になるくらいのエナジーで読めます（エナジードリンクは要りません）。土曜日の午後の、「一週間、疲れたな～。よくやった！　今週も、自分にご褒美と一杯始めたいところだけれど、今からだと、高校生の娘に嫌がられちゃうし。もうちょっと待って家族を久しぶりに焼き肉にでも連れてってみようか」とかお考えの最中くらいに読み始められると、ちょうどヨイかと思います。

＊男性口調で書きましたが、女性でも然り、です。

そして読み切った後の焼き肉屋で、「フロイトってさ～」とか「精神分析ではね」とかお嬢さんに話して差し上げられると、パパに対する目にリスペクトの色が加わることかと思いますし、「タンから入るか、カルビにするか、それとも懐具合からして」と思案中に、自己省察して「お。これが葛藤するということか。エス、自我、超自我だね。クス」とニンマリすることも可能かと思います。保証はしませんが。

本書の書き方には、三つの特徴があります。

一つ目は、真に治療をお求めになられている方にとって、親切に書けているかどうかはどちらかと言えば自信がないこと、です。ちょっと面白おかしく書きすぎているところがあります。それは、精神分析を身近に感じていただきたいからです。そこがエンタメ系というわけです。ワタクシには今、読者の方々がまるで見えません。

あらゆる薬がそうであるように、作用と副作用とがあります。気分が悪くなったら、どうぞ読むのをおやめください。

二つ目は、自由連想風に書いていることです。

自由連想とは、本文中に詳しく書いておりますが、「頭の中に思い浮かぶことを、その順番で、あたかも列車の車窓から見える景色を実況中継するように話す」という精神分析がその基本的方法とする言語化過程のことを指します。なので、思い浮かんだら書いています。ですから話が「何で、そんなことを突然にここで」と、一般的には思われることも、ほぼそのまま書きました。

精神分析で自由連想を体験していただければ、本当によくわかりますが、その時にそのことが思い浮かんだということは、大変に重要な意味合いがあるのです。じっくりと傾聴している精神分析家も、「何を今、突然に？」などと思います。その違和感を手掛かりとして、精神分析的に問いを立てていくのです。

まあ、フリージャズのジャムセッションや、ラッパーが突然その時に思いついたフレーズや言葉やメロディーが聴衆にとっては、意味深いものであるように、です。

ワタクシはかつて大学教員をしておりました。コロナでオンライン配信・双方向授業・アクティブラーニングと協働学習付き、ってなことまでやっておりましたが、Teams® で共有しているスライドについて解説している授業でも、とっさに思いついた概念や言葉が学生にはとても響くことがあることを体験しました。スライドとしては残せないような一発ギャクで大うけしたこともあります。

それに加えて、すでにもう使っていますが、文章の途中で「＊男性口調で書きましたが、女性にも然り、です」とかこれから使いますが、文章の途中で（すなわち～である）というような挿入をしたりします。

何かを書き記すということは、何かを書かないことでもあります。これとこれを同じくらいに同時に書きたいと思っても、どちらかを選ばなくてはなりません。選ばなかった方のものを＊として書いたり、カッコ内に挿入したということでもあります。ちょっとした注のようなものでもあるでしょうか。

これは、物事は常に複数の文脈で進行している、という現実にも即していることではあります。

三つ目は、何とまあアクティブラーニングの手法を導入していること、です。

「ググってみましょう」と書いているところが、何箇所かあります。ワタクシが正確な情報を書き記せばいいのに、と思われる方もあるでしょう。

教員をしておりました折に、アクティブラーニングという授業上の手法が、広く知れ渡るようになりました。一方的に教科書を読み解いて、授業を進めるだけではなく、授業中に何事かの書き物をさせたり、ググらせたりといったことを適宜行っていくと、学生さんの授業参加度が上がることを実感していました。

（さらに、そこでパッとグループを作って意見交換させる、と協働学習ということになります。一方的に講義されるよりもヨイ、とうまくやれた時には好評でした。）

読者の方にも、本書に参加していただきたいのです。そうすることで、ワタクシが意図したこと以上のことが、皆さんの知識として蓄積されていきます。それを目指しました。

＊ただしリテラシーをもって行ってください。ネット上には、「なんじゃ、そりゃあ？」というようなエビデンス不明の文言まで書いてあることがありますので。「真偽やいかに？」と考える体験を提供すること

にもなりますね。

本書には「え？」と思うようなところにハナシが飛ぶように見えたり、挿入文がところどころにあったりします。そして時としてスマホを取り出して調べてみないといけない。

ですから、入稿前のファーストリーダーの一人となってくださった古くからの友人であり、優れた投資家である人物からは、「読みにくいが、小説としては面白い」とコメントを頂いたのです。

＊精神分析の専門家ではない方にも向けて書いておりますので。モチロン、卒業生の元保育士の方とか、看護師さんにも読んで頂きました。あとは国文学の先生とかにも(「センセイが愛する三島のように美しい文章ではない、どころかトリッキーだよ」と前置きして、です)。

以上が本書の書かれ方です。ですから戸惑われるかもしれません。

現在実家の書斎でこの文章を書いておりますので、読者の皆様を戸惑わせてしまうかもしれないことについて、ご先祖様たちからはお叱りを受けるか、あるいは江戸時代前の方からは斬って成敗！ということにもなるかもしれません。

とはいえ「小説としては面白い」(元証券マンの言）ですから、ぜひ、今手に取られて、ここまでお読みいただけた方には、お買い求めいただくようにとお願い申し上げる次第です。

もし、面白くなかったら？

あまり考えたくありませんが、ハガキをお買い求めの上、出版社に抗議していただく（ハガキのみ。お名前明記にてお願いします。匿名をいいことに言いたい放題はお控えください。あ。近々発売予定かもというGPSによる発信者位置情報確認機能付きのハガキにてお願いします）とヨイかと思います。

＊さわりの部分を出版社のシャチョーが読んで、「面白いから書け！」と、しかもワタクシが農業を始めた

ことも知っているので「脱穀ならぬ脱稿を、三カ月で」と田植えを終えて、ヒーとなっているワタクシに洒落までかまして、背中を押してくださりましたので。

精神分析って、みんなのモノです。

決して銀河鉄道の夜の向こうや、中秋の名月のところにあるものではありません。

何者かを拒絶してもいないし、誰にでも開かれているものです。

で。

魂の解放を目指しています。

こころの自由を補強しようとします。

魂の解放とこころの自由。

あらためて書いてみますと、これは……ワタクシが大好きなロック・ミュージックと同じ、です。

フロイト先生は、当時のヨーロッパではタブーとされていた様々なことや、当たり前とされていることに問いを立て、見据え、言葉にしていかれました。

その姿はまるで、「イマジン♪（想像してごらんよ）」と我々に問いかけたジョン・レノンのようでもありますね。

ワタクシにはフロイト先生は、ロックの人のように見えています。

本書はそのように書かれましたし、通読して頂いてフロイト先生がロックの人であることが伝われば幸いです。

＊ロックンロールの語源の一つに性的な意味合いがある、というのも被りますが。

突然思いつきましたが、ある意味ダンス天国なワールドへ、といえます。

とはいえ、ダンス天国にも作法やマナーはあります。

ステップや、手や腰の振り方にもルールがあるのと同じです。再来週に、マリアクラブというディスコがあった福岡のマリアストリートのライブハウスでライブを行う予定ですが、ディスコのダンスにもそれなりのステップや、ルール、間のとり方の美しさのようなものがあったと振り返って思います。

それに全く無頓着な「踊り」もあってもいいのかもしれませんが、ちょいと美しくはナイですね。

ラップやフリージャズにしても、暗黙の了解はあります。それに倣わないと美しくないからです。

ですから本書では、精神分析について、ラップやフリージャズ、ブルーズセッションにお出でになる時くらいのご案内はさせていただきたいと思います。

魂が解放されて、真に自由に生きることを目指して、無駄なくムリなく、そして「美しく」生きることを目指して本書は開かれていることをお伝えしたいと思っております。


そしてはじまりの最後に固くおことわりしておきたいことが、あります。

我々は日々の臨床実践において、臨床記録を取ることを通して臨床研究を行っています。

臨床研究？　なんだ、それは？　という方に説明しますね。そうです。料理を業としてなしている人が行う、料理研究と同じことをやっているわけです。我々心理療法家も腕を上げるためには、実際に人と関わるという臨床活動を行い、どこをどうすればうまくいくのかを常に考え、模索し、実践力の向上に努めています。その際に、何がどうなので、こうしたらこう反応が返ってきたというようなことを記録として残しているわけです。一セッションごとにメモを参考にして、できる限り詳細な記録を残すのです。記録を残す作業は、自分とクライアントとのやり取りを俯瞰的にとらえ、言語化する作業ですから、これは臨床家にとって大変重要な訓練の一つでもあります。ワタクシは紙に記録する派ですので、自宅には山のように臨床記録が積んである状態でもあります。

本書では、本文が読者の方に分かりやすいようにと、架空の症例というものを提示しました。その架空の症例というのは、本当に架空のものです。ワタクシの自宅に山と積んである臨床記録の内のどなたか特定のクライアントのものに基づいて書いているわけではナイのです。

何しろ守秘義務の縛りがありますので、臨床記録として残したこれらのものは、墓場まで持っていく覚悟でおります。臨床家としてデビューして以来、幾多の事例検討会を乗り越えてまいった身です。個人が特定されないように語ることにもたけております。

架空の症例には、若干ワタクシ自身のことも投影されているかもしれません。とはいえ、赤裸々な形でそのまんま、ということでもありません。最近はワタクシも師匠の北山修先生に倣い、作詞家デビューしました。そこで書いている歌詞は、モチロンワタクシ自身の個人的経験にも基づいていますが、全くの赤裸々な個人的経験を書いていては、広く人のこころには届かないものであることは身に染みています。

それをやってしまって、心身の深刻な不調に陥ったとあるバンドのリーダーのことも知っています。私小説の作家は、つらいだろうなとも常に思っていますし。

今、ミッシェル・ポルナレフの「シェリーに口づけ♪」が流れていまして、これは彼の周りにいたシェリーという女性のために書いたものかもしれませんが、それだけでは遠くアジアの地でフランス語もろくに知らないジジイが聴いて「ウーム」としんみりしたりするわけがありません。普遍性があるのです。そう、でなくてはヒットせん！　です。

では、どのようにして架空の症例を作りあげたのか？

モチロン五十数余年生きてきて、ワタクシ自身、自らこころのことについて色々な体験をしており、経験値として蓄積してきた身です。精神分析的精神療法家としての訓練の中で、自ら訓練分析を受け、自分自身のこころのありようをしつこいくらいに考え、振り返り、おさまりを付けようとしてきましたし、これからもそうありたいものです。そこでの蓄積が一つ。

そして三十数年来、事例検討会や学会の大会でさまざまな事例報告を聴いてきたという蓄積があります。先達の本に書かれている多くの症例（ビネットといって、必要不可欠な内容だけをちょこっとだけ書いてある。モチロン個人が特定されないようにと、相当な配慮がなされている）を読んできた蓄積があります。さらに、ある程度の力がついてからは、若い臨床家のスーパービジョンを取り行ってきた蓄積もあります。

精神分析的心理療法家として責任あるものを書こうというフォーマットの中で、それらの蓄積から、ちょこっとずつ摘まんで合成して、特定の方のことについて書いているということにならないようにと、ある種の化学反応を起こしました。お醤油をかけたりもして。

ですからワタクシとお付き合いがあったクライアントの方々、どうぞご安心ください。

むしろ、「書いてもヨイか」とお尋ねしたうえで、ご登場頂いているクライアントもおりはします。「面白おかしく精神分析を語るという本を書くのであるが、こういう場面でご登場いただけないか」とお尋ねしました。面白がってくださりそうな、付き合いが長いクライアントにお尋ねして、実際に面白がってくださったクライアントのちょっとしたエピソードとして、です。普遍性があるようなエピソードに限っております。

さて、ご理解いただけましたでしょうか。

では。いざまいらん！　と。

二〇二三年　六月

山﨑　篤

目　次

第一部
みんなの精神分析

第一部まえがき　まずはご挨拶

大学を離れ、精神分析的心理療法家として生計を立てることになりました。

これを高らかに宣言し、あちこちで言いふらかしております（言いふらかすと、そうせざるを得ず、そうなっていくというのはワタクシの中のいくつかの不文律の一つ、です）。

そこで名刺も作りました。「これでお金を頂いています」と。

ところが、それで納得してくださるという方が、自分の親族にはあまりいないということに直面化させられました。それなりに人生を歩み、今があるわが親族の皆様のほとんどが「？」という目をされます。一応説明をするのではありますものの。親族ではありませんが、名刺を見て「整骨院か何か？」とおっしゃられた方もおられたようです。

これを書いているのは、実家の書斎。

本日はお盆の初日ですから、お墓からご先祖様たちも戻っておいでのハズ。原野を開拓し、山を切り開いてお百姓さんとして働いてきたご先祖様たちです。四代前の村長さんをしていた方ならば、説明すればご理解いただけるかもしれません。でも、とある合戦に負けて「西の国」へと逃げてきたという噂の初代ならばどうでしょうか？　斬り倒されるかもしれません。コワイ。

説明する中でさらに、「フリーランスで、あちこちでお客さんとって、まあ五十分くらいがワンセッションで、結構時給はいいとよ」というワタクシの説明に、「それってもしかしたら⁇」と赤面されるゴフジンもおります。ちなみに「心理臨床家＝遊女」論ってのはもちろんあって、過去に恩師である前田重治先生と北山修先生が、何かの雑誌で討論してますので、どっかのアーカイブに残っているハズ、です。

＊第二校ゲラで、生真面目な編集者の方から「どの媒体でかご教示いただけないか」との書き込みを頂きました、ものの「週刊〜」とかの記事で「おおっ！」と思っただけで、詳しくは覚えておりません。「そうだよねー」と思いながら読んだのは確かです。とはいえ、「北山修」で検索すると「おおー！　おおおー!!」ということまでトピックが上がっていることに気づきました。これ以上検索かけたりしたら、北山先生に申し訳ナイ。そう思いましたので、関心のある方はご自分の責任でどうぞ、ということにさせていただきますね

それがわが実家のある地方でならば、「精神分析的精神療法家、ＪＰＳ精神分析的精神療法家センター（正会員）」なる名刺をお見せしても、具体的に何の仕事をどのようにしているのかが見当もつかないということがあっても、おかしくはないと思わなくもありません。電車を降りたら広がる田園地帯。空気はうまいし、空は青い。何しろごみごみした都会では、ユーチューブで見聞きするしかないような鳥のさえずりまでもが、心地よく聞こえてまいります。田んぼの土手に座っているだけで、こころが穏やかになっていくではありませんか。じっとりねっとり言葉をやり取りするよりもよほどこころ癒されます。しかも自然はタダ！　ロハですよ！なのに、この癒されようといったら、ないです。果物がなっていたり、場合によってはイノシシを害獣として捕獲して、鍋にすることだってできちゃうわけです。

しかし、そういう地方なんだからという話だけではない。

同じ専門職でも、医師、弁護士、管理栄養士、保育士等々であれば、そうと聞けば具体的に想像することができる。「なるほど」とうなずいて、したり顔もして「大変でしょ」とか言ったりもして、会話を始めるきっか

けともなります。しかし精神分析的精神療法家ではそうはいかない。ちゃんと名刺まで作っているのに、ですよ。

まあ、あまり大手を振って仕事をしているわけではないからかもしれません。面接室という密室で、寝椅子やら使って、何やらこっそりとやっていますし。守秘義務の縛りで、「今日来たお客さんってさ～」と八百屋さんのように近所の人に愚痴る訳にもまいりません。ミュージシャンのような派手さもありません。子どもがなりたい職業として、第一位になんてなるはずもありません。高校生にでさえ、進路選択や進路指導の一つとして考慮に入れられることは、到底あり得ません。言い切ります。

そういう仕事だからか、さらにいろいろな誤解や偏見にもさらされている。

別に被害的になっているわけではないのです。精神分析的心理療法というものが、同業の他の立場の心理療法家から抱かれている誤解や偏見も結構あると思います。「時間がかかる」とか、「コムツカシクてよく分からん」とか。まあ時間がかかるのはたしかです。また、心理療法家を目指す若者たちからも、誤解や偏見から近寄りがたいものであるとか、「ハードルが高くてムリムリ！」と遠ざけられているように感じます。確かに訓練のハードルは高いですが。ね。

私が専門の一つとする子どもの精神分析的心理療法に至っては、とある出版社から『子どもの精神分析的セラピストになるには？』というような本が出たくらいです。現代日本では、『医師になるには』という本も『こうやって弁護士になるのだよ』といったタイトルの本もあります。とはいえこの、とある学会で、三年間シンポジウムをシリーズでやって、まさかのトリッキーな編集までして作りこんだ本は、他の専門職にはないのではと思いました。それでそのとある学会の学会誌に書評まで書いてしまった、ところです。ぜひ若者たちに精神分析的心理療法家を目指して頂きたいものだと思います。仲間が増えると嬉しいものですし、こんなにやりがいのある仕事はないですよ。

世の中ではあまり精神分析のことが知られていません。

精神分析学の書物はたくさんあります。フロイト以来それだけ連綿と臨床が積み重ねられ、研究がなされてきたものと考えます。大きな書店には、必ず精神分析のコーナーがあります。がしかし。多くの人はそこを素通りする。電車の中で、精神分析の本をオシャレな仕草でめくっていくような若者にお目にかかったことはないですし、オサレカフェだなんてところとは、相性もよくないでしょう。

人間が生きるという営みにおいて本質的な、魂の解放ということを目指しているにもかかわらず、その点ではあちこちで「解放せよ、魂を♪」といった類の歌だって聞こえてくるのに、「じゃあ、精神分析だね」という話にはならない。「精神分析」というコムツカシそうな名称にも問題があるのかもしれませんね。「精神」というだけで何やら高尚なことのように見えるし、「分析」というだけで、何やら特別なことを行うかのように見えてしまう。精神分析学において用いられている概念も、何やら近寄りがたく見えているのかもしれない。「エディプス・コンプレックス？　なんじゃそりゃあ!!」かもしれません。一般の方にとっては。

単なる三角関係にまつわる、こじれたあれやこれやのことなんですけどね。

現在、師匠の北山修先生が、「ならば日本人にはなじみの深い、日本神話を用いてこの三角関係のこじれを説明しよう」と、ウェブや出版において試みておられます。弟子を自認する私も、それに続こうと思います。「エディプス・コンプレックス」だって私ならば、厚生労働省編『保育所保育指針解説　平成三十年度改定版』（二〇一八年、フレーベル館）をテクストの一つにして説明してみせましょう。エヴァンゲリオンを用いて説明してみせましょう。しかも、学部レベルの発達心理学を受講している人ならば、読めばわかるようにかみ砕いて。

他のまっとうな精神分析家の先生や、研究者からは怒られるかもしれません。「フロイトの～によれば」と責められるかもしれません。頭が固い（とワタクシは感じている）あの先生からは、「そんなら〜出ていけ〜！」と思われるかもしれません。それはそれで仕方ないと思います。何しろ子どもの臨床家でもあるので、子どもっぽいところがあっていたずら好きですし。面白おかしくが、大好きです。

それよりも一般の方に向けて、「精神分析ではね」と語りかけたいと思います。私は、あの小此木啓吾先生のわかりやすい語り口の本が大好きでした。「口述筆記で書いている」と直接伺ったこともあります。北山先生が新書で出された「帰ってきたヨッパライ」をもじった文章も面白かったです（きたやまおさむ（二〇一二）帰れないヨッパライたちへ―生きるための深層心理学、NHK出版）。じゃあ、小此木先生や北山先生の本があればいいのか？

そうは思いません。

小此木先生の時代とは時代背景がかなり違います（当時はあのバブル！）し、「帰ってきたヨッパライ」という歌を知らない世代にも届けたいのです。

そこで、一般の方で「精神分析って興味あるけど、何するの？」という方や、臨床を志す若者で「精神分析って興味あるけど、難しそう！」という方、はたまたいろんな種類の心理療法を治療のチョイスの一つとして知っておきたいという医師・看護師の方が、気楽に手に取って読んでみることができるような本を世に届けたいと考える次第です。

いかがでしょうか？　名刺の話から始まりましたが、社会に対して名刺代わりにご挨拶したいと考える次第です。

ではでは。はじまりはじまり〜（「コーン〜」――ビブラスラップという私が唯一使える楽器の音がしました。名曲「与作」でも使われている、アレです）。

第一章　心理支援について、まず

世の中には、さまざまな対人援助職があります。

子育て支援を行う保育士さん、介護支援を行う介護士さん、障碍者の就労支援を行う社会福祉士さん、もちろん看護師さんや医師、教師もそうですかね。人に関わる職業であるなら、必ず対人支援を行っている側面がその具体的な仕事の中に含まれていることかと思います。

また、公認心理師や臨床心理士といわれる心理支援職も広く知られるようになったようです。その職に就いていくための学校もたくさんあります。高校の同級生が、そのような大学の学部に進学した覚えがある方も結構いるかもしれませんね。紆余曲折もありましたが、そんな時代、そんな日本になって、現在に至ります。ワタクシは臨床心理士資格が試験を行うようになって第一回目の試験を受けたのを思い出します。大学院生の時期に、日本心理臨床学会も立ち上げられました。そんな草創期からワタクシも心理支援職を続けています。

このコロナ禍の下では、この現状や将来に対する不安が語られるようになりました。読者の皆さんの中にも、不安のあまりつらくなったりされた方もいるかと思います。また職を失ったり、仕事が減ったりで経済的苦境に立たされ、どうしようもない思いを抱いておられる方もおられるかもしれません。「コロナ・ホットライン」といった電話番号が、新聞やネットニュースの片隅に書いてあることがありますね。そんな場合に、電話をお取りして、お話をじっくりと聴かせて頂くような支援を行う職業です。

我々は主として、メンタルにかかわる施設で職を得ています。

現代に在っては、このような職業もある、のです。

ある意味ビジネスとして成立しているというわけです。昔からある職業というわけではありませんが、人が人として生きる上では必要とされているのです。

ではどんな施設で働いているのかといいますと、公的機関としては児童相談所や公立病院の小児科や精神科などでしょうか。ゼロ年代に入って、その必要性が認識されるようになってからは中学校を中心に学校という場で、スクールカウンセラーとしても配置されるようになっています。

メンタルにかかわるからといって、決して精神科領域だけで仕事をしているわけではありません。大きな企業であれば、産業カウンセラーとして仕事をされている方もおります。また、カウンセリングルームを設けて開業し、心理療法を行う人もおられます。さらには、ワタクシのようにフリーランスの精神分析的心理療法家として、あちこちの場所を借りて個人事業主として営業している者もいます（個人事業主ですので、ご連絡をお取りになられたい方は、「JPS精神分析的精神療法家センター」でググっていただければ、連絡先が記載されています。モチロン自宅ではありません）。

さて。人は、本来的に孤独な存在です。

誰かに会うとしても、必ず別れていきます。「会うは別れの初めなり」とも言いますね。その孤独から逃れようとして神やさまざまな宗教が生まれていったものと思います。農耕狩猟が産業の中心だった時代から、共同体が生まれていったのも、孤独を埋めるためだったのかもしれません。誰かが近くにいるだけで、さみしさは埋まっていきます。ともに作業をするだけで、連帯感が生まれもします。

人は、母体から生まれ落ちた瞬間から、分離が始まり、やがて自立が促されていきます。身辺自立から始まり、さまざまな自立が達成されていき、そして思春期と青年期を経て、経済的自立や社会的自立が達成されていくのです。

自立するとは、一人になっていく過程のことを指すのかもしれません。

一人でもオッケーな状態へと向かうのです。

アイ・アム・オッケー、です。

そしてアイ・アム・オッケー同士で関わりあう。それが社会というわけです。

社会のどこかに自分の居場所を見つけ出し、そこに一人で立っていることが出来るようになると大人ってわけです。でも、それには孤独に耐えられる力や勇気が必要かもしれません。

場合によってはくたびれ果てて、アイ・アム・ノット・オッケーなことさえありますでしょ。そんな時にはヘルプが必要です。孤独に耐える力や勇気は、ＥＶのようにはチャージできません。ヘルプ・フロム・マイフレンドが必要なのです。

人は人から救われるということ。これは古代より変わりがありません。

現代にあっては、そこに特化した職業が生まれました。冒頭あたりで述べた公認心理師や臨床心理士といった資格を有する人たちが、職業として対価を得ながら生活を送る時代となったのです。

人は気持ちがつらくなった時、誰かにその気持ちを聴いてもらえるだけで、落ち着くことがありますね。何らかの苦境に立たされた時、誰かに寄り添ってもらうだけでそこに踏みとどまれたりもします。公認心理師や臨床心理士は、そうやって誰かの気持ちを聴く、あるいは寄り添うことをするスペシャリストの人たちです。

さまざまな仕組みや法律が整備され、世の中のあちらこちらで活躍しておられます。

ワタクシも、おそらくそのうちの一人としてカウントされることでしょう。

本来的には、青年期には自分こそがヘルプを求めるような状態ではありましたが、さまざまな仕組みについて学習し、さらに訓練を受け、職業とするようになり、現在に至っております。

心理支援職にも色々なものがあります。

大まかには、聴いたり寄り添ったりという仕組みは共通しています。

本書はその中でも、心理療法というものをご紹介することになります。心理療法とは？という方がおりましたら、ぜひスマホにてググって頂くとよいかと思います。厚生労働省あたりのHPやなんかでわかりやすく説明されているかと思います。
＊今試しにググりましたが、「他の人はこんな質問を」というところには、いろんなサイトが掲示されてくるようです。思わず、いわゆる「自己診断サイト」に飛んでしまい、ポチポチ押したりして、ならなくてもいいはずのバッドな気分にならないようにご注意くださいね。
ワタクシの言葉で言いますと、クライアント（依頼者）と定期的に会うという契約を結びます。そしてお会いしていく中で、そのお話を傾聴することや、アドバイス等を行うことで心理支援につなげていくというものでしょうか。

クライアント

クライアント？一般の方には聞き慣れない言葉でしょう。テレビのドラマとかで、サラリーマンの人が「クライアントが怒っている！」とかっていってドラマが始まったりしますね。まあ、大体同じような意味です。

正確にいいますと、契約を交わしたお客さんということになるでしょうか。

ではどんな人と我々は、契約して心理療法を行っていくのでしょうか。

一言で言えば、日常生活で困りごとがある方が多いですかね。

また、精神分析をお受けになられる方の中には、自分自身を知りたいと考え、その手段の一つとしてお受けになられる方もおります。そのような動機で始められる方もおります。確か映画監督のウディ・アレン（Woddy Alen, 1935-）がそのようなことをおっしゃっておられたような記憶があります。

ハナシを心理療法全般に戻しますね。

大きくいえば、「日常生活で、自分一人では解決できない問題に直面し困ったことになった」ら、誰か詳しい人に相談したくなりますね。これと同じ仕組みで仕事をしています。ワタクシもさっき困りごとがあったので、契約を結んでいるコンサルタントに相談のメールを打ちました。もちろん有料で、契約を交わしています。

心理療法も、有料で契約を行うことが基本です。

とはいえ、自前でお金を支払うことが難しい世代のために、所属する学校がお金を出してスクールカウンセラーや学生相談員を雇用している場合もあります。学校から既にお金が対価として支払われているので、小学校から中、高、大学という場で行われる児童、生徒、学生さんに対するカウンセリングは無料です。

では、どんな人が臨床心理士や公認心理師だなんて専門家のところに行くのか？

それは「メンタルな方面で困って、困り感がある人」でしょうか。

おっと、カウンセリングという言葉も使いましたね。

「待って！　それって心理療法とは違うもの？」という方がいるかもしれません。

ワタクシがこの二つを使い分けるときの語感は以下の通りです。

すなわち、一回から数回で困りごとが解消されるような心理支援はカウンセリングと呼び、定期的にお会いする契約を交わして、比較的長期にわたって心理支援を行う場合は心理療法ということになりましょうか。この辺、専門家によっては異論があるかもしれませんが。ではカウンセリング∧心理療法か？　というと、ワタクシの実感としては必ずしもそうではない、です。大学で学生相談を行っていた頃には、「今日この学生さんをこのまま帰したら、死ぬかも」といったケースもありましたので、「一発勝負だな今日は!!!」と覚悟しなければならないこともありました。

「メンタルな方面で困って、困り感がある人」というのは、結構おられますね。大学で教員をしておりました頃も、「ダイ・ジョブデスッ！」とか仰りながらもヘルプが必要そうな学生さんをたくさん見かけました。

まだコロナ禍が続いていますので、ほとんどの方がマスクをされておられ、その表情は見えませんが、街ゆく人びとの中にもメンタルな方面で困って、困り感がある人は少なくはなかろうと考えます。人生上のさまざまな課題や問題、働き方の問題といわれるようなもの、パワハラ、セクハラ、色々なことがあり得る時代です。特に昨今は、コロナ絡みでメンタルが厳しいという方もおられるようですし。

ワタクシと契約してクライアントになられた方は、外見上ごく普通の方たちばかりです。むしろワタクシの方がヘン、かもです。音楽絡みの仕事が前か後かに入っていることもあるので、そのような恰好（ステージ衣装まがい）を着込んでいるワタクシの方が、外見上キテレツなことさえあります。

クライアントの方々は、成人であればたいていはお仕事をされており、こと仕事に関してはそれなりの見識を持っておられます。会社員のこともあるし、公務員でおられる場合もあります。

そしてもちろん学生さんもいます。

児童期、思春期、青年期は悩み多き季節です。困ったらその学校にいるカウンセラーのところへ駆け込んでください。「こんなことぐらいで」と思わずに、ぜひどうぞ。あたかもハブのごとくに、そこから問題解決に向けてコトが動き始めますよ。勉強の悩み、性の悩み、いじめやいろんなトラブルが生じたら、さあ、どうぞいらっしゃいです。

ワタクシがそのポジションで仕事をしていた時は、何でも屋を自認していました。モチロン身体面のことなど、対応しかねることは保健室か、保健室が懇意にしている医療機関へとつないでもらえます。モチロン守秘義務は守られます。それを守るために、スクールカウンセラー事業が始まって以来、実践が積み重ねられていく中で、いろんな仕組みやルールが整っている時代となっています（まあ、時にはダメな心理師も心理士も、教員もいますので、危ないと思ったら逃げるが勝ち！です。これに関わって訴訟を起こせば、必ず勝てますし）。

どんな契約をするのか

メンタルな方面で困って、困り感がある人にとって、専門家として役に立つこととそのための方法、そしてそのための対価について取り決めることになります。専門家として役に立つことを前提に契約を交わすので、役に立たないとハナシになりません。ですから専門家の方も、その方にとって自分が役に立てる人なのかどうか、見極めることができなければなりません。役に立つための方法について、専門家として熟知していなければなりません。途中で専門家の方から投げ出してしまうようなことは避けたいものです（不幸な行き違いから、中断してしまうこともありえますが、それはどの領域でも同じ。いつも大漁旗を上げられるはずもないですし）。

ですから契約の前に、心理療法家は契約を結ぼうかとおいでになられている方について、可能な限りの心理査定、すなわちアセスメントを行います。自分ではお役に立てないと判断すれば、適切なところへとご紹介するのもマナーです。また、自分が熟知している方法よりも適切な方法がありそうだと判断すれば、それもご紹介するでしょう。例えば医師との連携が必要であれば、管理医を立てることを提案しなくてはなりません。

管理医とは、この場合心理療法家と組んで、当該のクライアントの身体管理、生活管理等を担ってくださる精神科医のことです。投薬や生活指導を主として担当してくださいます。

ちなみにワタクシは、初学者や初心者の間には、かなりの件数の心理検査を行いました。その所見を書く締め切りが迫っていても書けていない、という夢をいまだに見ているかもしれません（見ても忘れるくらいに過去のこととなりました）。この心理検査を行うという経験、テスターとしての経験は、現在のワタクシのアセスメントを行う基礎になっていると考えています（ですから、初心者の方で「セラピーをやるためにこの道に入ったのに、検査なんてカッタルクてやってられるか！」と思っておられる方は、ぜひご用心をば。千里の道も一歩から、ですよ）。

アセスメントを行い、方法と対価を示して合意形成が行うことができれば契約したことになりますし、心理療法家とクライアントという関係になったことになります。

さまざまな心理療法

フロイト（Sigmund Freud, 1856-1939）やその先人たちから始まって、数多くの心理療法が開発されています。フロイトが最初に関心をもった催眠もさまざまに枝分かれしていったということができるかもしれません。催眠や精神分析に相反する原理をもとにした、ハンス・アイゼンク（Hans Eysenck, 1916-1997）らが開発した行動療法というものの流れもあります。

それらがどれくらいあって、それぞれがどんなものなのかについて、ワタクシは研究する身にはありませんので、知りません（それを研究としてなさっている研究者はおられることかと思います。知りたい方はお調べになって、連絡を取られてくださいね）。

最近はウェブ上でも、ウィキペディアなんて集合知がありますので、どんな心理療法があるのか、調べられるようになっているのではないでしょうか。

もしメンタル方面で困り感がある、という状態になられたら、それをお読みになられてご自分に合いそうな心理療法を選んでいただければと思います。「手っ取り早く！」という方もおられるでしょうし、「いやいや、じっくりと取り組んで己の魂の解放、すなわち真の自由を達成していきたい、のだよ」という方もおられることでしょう。自らの意志によって、どんな心理療法を受けるのか、チョイスできる時代になりました。

自分のスタンスや状態に、「合う、合わない」という相性は確実にあります。短期の設定で、シャキシャキシャクシャクでやる方が、性に合っている方もあるでしょう。また精神分析のように、じっとりねっとり丁寧にがお好みの方もあるでしょう。ちょうど、モールのフードコートに立っている状況を想像してみてください。今日は何を食べたい、ですか？　モチロンそこの回転寿司ではなく、職人さんが握ってくれる寿司や、専門店ならではのじっくりコトコトがイイ、という選択もアリです。

自分のメンタル、です。自分で決めましょう。

お決めになられる際に、一つアドバイスをさせていただくとしたら、「ウチの心理療法は、オール・オッケーです！」というようなところは選ばない方がいいでしょうね。そっちの方が自信がありそうで信頼できる、という方もいるかもしれません。メンタルが弱っている時は、そういう心理療法が信頼できるかも、と思いがちな状態にあるといえるかもしれません。

でもでも。それは宗教です。信じてそこに身を投じなければ救いが得られない。

ここでワタクシが「宗教です」という言い方をして距離を取りたくなっているのは、「妄信する」とか「すがりつく」とかして、その結果総合的に考えたら利益を損なっていることを指します。

似非宗教と言いたくなるようなとある新興宗教をめぐって二〇二二年度には、さまざまな議論があったことを覚えておいでの方もいるでしょう。それと同じで、似非心理療法とさえ言いたくなるものもある、ということを言いたいだけです。

信教の自由というのは、基本的人権の一つです。

また人が宗教によって救われることは事実です。そこに付け込む人がいるのも事実なので、ちょいと注意しましょうと言いたくはなったのです。

長く長く篤い信仰を向けられている伝統的な宗教もあります。ワタクシが月曜日の二時間目に大学院生に講義を行うというミッションを遂行しているとあるミッションスクールには、敷地内にある教会へと多くの方が、場合によっては遠くからおいでになられているようです。広い駐車場にチャッと車を停められて、降りて教会へと向かわれる姿を拝見するたびに、宗教というものの大きさ、尊さを感じずにはいられません。

＊仏教の読経、日本神道の祝詞にもものすごくこころを揺さぶられます。

とはいえ。

信じて身を投じなければならないような心理療法は、不可解です。人が百人いれば百通りの好みや相性があります。それで、それに基づいて日々の生活を送るというのが当然のことかと思います。試行錯誤もチャレンジもあったかもしれないが、今考えてみるとこれが超相性イイ、というのが日々の生活のハズ。そうなのに、「あらゆることに、あらゆるクライアントに、あらゆるメンタルの困り感に、オール・オッケー！」と言い張る心理療法があるとすれば、要注意ですね。

本書で取り上げる精神分析だって、万病に役立つわけではありません。方法として禁忌な場合があります。そういうものです。

ワタクシは試行錯誤の末に、そしていろんなチャレンジをも経て「父も飲んでいたサントリーのウィスキーで、自分で作るハイボールがサイコー！」と実感しております。そりゃまた別にも、スタバのエスプレッソがナカナカいいということにも達しています。その件に関しては、百人いれば百通りの到達点があるハズです。時には、自販機で缶コーヒーも買いますが、その時はそれでいいのです。やはりそれがベストチョイスに近い、という実感があります。

それを無視して、「自分のトコはサイコー！　どなたにだって、ご満足いただける！　カモンカモン」とスシローが言い出すとしたら、寿司職人さんは怒りますよ。スタバが「すべての方にご満足いただけるハズです」だなんて言い始めたらチョットなあーと思います。営業する方はそれくらいのつもりで、営業するんでしょうけれど、ヒキマスね。あまりにも自信満々だと。

心理療法も同じ、です。

自らの限界を知っているものを選択されるとヨイかと思います。

さらに「ウチの心理療法はエビデンスが」とドウタラコウタラ主張して、「入信」を勧める心理療法も要注意です。精神分析がこうやって、世界に広まり、フロイト以来実践され続けているのは、クライアントの方の「ヨカッタ～」という実感のおかげです。ワタクシ自身も自ら訓練のためとして、精神分析を受けてヨカッタ～と思っています。

そうではなくて、業界を見渡してみて「エビデンス・ベイストで」と仰る場合、そのエビデンスがあるというのは「ヨカッタ～」というヒトが多いから、という文脈でのエビデンスではないことが多いかもしれませんよ。

ここ重要かと思います。

私が大学院で、関数電卓を用いてエビデンスに基づいた研究を行っていた頃は、こうでした。大抵の場合、何らかの実験室的状況において、多数のノーマルな被験者を対象として実験を行い、そこでの反応をエビデンスとして用いているにすぎませんでした。メンタルで困っている人を対象ともしていませんでしたし、しかもなんと「エビデンスがある」というのは百パーセントそうであるというワケではなかったのです。大抵は、そのノーマルな人の全体の反応のうち、五パーセントが「そうではない」範囲だと、「エビデンスがある」と言い張れるのが心理学の研究領域でのエビデンス関係でした。

おそらくこのエビデンスのまかり通る領域では、マーケティングをしてみて、No！と言っているのが五パーセント以下であれば、オッケーです。開発・販売ゴーなのでしょう。百人被験者があって、不適切な結果があっても五人未満だと「エビデンスだよ」といって貰える文化の下での、たかがエビデンスです。

最近、ワタクシはミュージシャンでもあります。

製作した曲をイイと思って貰えているのかどうか、気になります。

そこでその不安な気持ちへの「それなりに認知されたようだ、ホッとした」という根拠としているのは、百人に何らかのオリジナル曲を聴いてもらって、その反応を「五段階評価で〜」というようなエビデンス・ベイストな手法ではありません。アマゾンミュージックでのストリーミング回数です。無名な新人ですが、なんと約二カ月の間にそれなりにストリーミングして頂いていた！　無名の新人なのに。これは自信につながりますね。

エビデンス、という言葉にもご用心をという話でした。

どう選べばいいのか

イヤイヤ、何が合っているかそこから分からない、という事態に見舞われている方もいるかもしれませんね。

そういう場合は、ホンモノに出会って相性がどうかを確かめてみられることをおススメします。ホンモノではあるので、それなりのギャランティは生じるかもしれません。ですが、同業者組合とかに問い合わせるなりして、ぜひその立場の心理療法家の専門家に会ってみられて、自分との相性を確かめてみられるとヨイかと思います。現代では叶いませんが、フロイト先生に会ってみられるとか行動療法のアイゼンク先生に会ってみられるとか、ですね。

ホンモノかどうか判じかねるということもあるかと思います。

ちゃんとした心理療法では、当たり前のようにインチキが行われないために、と、同業者組合があります。インチキが行われないように、と倫理規定も当然あります。同業者組合では、お互いに「インチキが無ければいいね～」と相互監視しているのかもしれません。まあ。ずるは出来ないのですよ。医師に医師会があるように、臨床心理士にも臨床心理士会があります。

そこにお尋ねになられては、と思います。

精神分析なら精神分析のホンモノ、行動療法なら行動療法のホンモノは誰であるのかと。そこで、ホンモノに会って、その心理療法が何たるかを知り、判断すればいいのです。ホンモノの心理療法家だって、営業ですからギャランティを頂いて、都合が合えば会います。

誰が本物なのか？

ワタクシのようにこんな本を書いておいて、ニセモノもおられるかもしれませんが、とりあえずは同業者組合にお尋ねになられるとヨイかと思います。同業者組合ですから、当然倫理規定も設けて、それに従っていないのはダメだという判定をする機能を有しています。ダメなら「出てイケー」と追い出されます。同業者組合は、それくらいには機能しています。コロナで「接種するという方向で」と決まっているワクチンにもかかわらず、「うんうん。ワクチンは要らないよ。あれはチップを埋め込まれるっていうことだからね～」という陰謀論を信じ切った医師が居たら、「アウト！」って言われるくらいには、ですね。

ただし、同業者組合には加わっていない、というツワモノもいますから、ちょいとご用心。

ワタクシがお会いしているクライアントの中に、ワタクシとの精神分析的精神療法を始めて三年くらいまでは「～病院の～先生に精神分析を受けていました」と仰られていた方がありました。同業者組合的には、その方のことは全くの？ですし、さらにハナシを聴く限りは「精神分析」としてもまるでデタラメです。守秘義務に反しない範囲で書きますが、どうやら作業療法士の方でした。ね。ついでに書くと、その？な人と組んでいた医師も？な人です。ご用心を。

さて。本書では、その心理療法の中でも、特に精神分析的心理療法についてご紹介していきます。

何しろワタクシの名刺の肩書がそう、なんですから。
＊心理療法については、九八年にアカデミー賞およびゴールデングローブ賞を受賞した映画『グッド・ウィル・ハンティング／旅立ち』（ガス・ヴァン・サント監督、ロビン・ウィリアムス、マット・デイモンら出演）をご覧いただくとその具体的なイメージがつかめるかもしれません。世の中には、このようなことが行われているのだと知っていただけるとヨイかと思います。

第二章　精神分析とは

ご挨拶と前置きが長くなりましたね。

本書は精神分析という心理療法が置かれている現状について、そしてそもそも心理療法というものとは何かについて、認識して頂くというところから始めました。

メンタルヘルスについて、関心が高まっているとはいえ、守秘義務の縛りもありますし、おおっぴらに語りにくい面も多々あります。一般の医療福祉の業界のように夜の時間帯の帯ドラマとかで、「心理療法家は見た！」というようなドラマの企画も立てにくそうです。バラエティー番組でネタにされることもなさそうですし（どなただったか、有名な女性歌手が精神分析をお受けになっておられることを何かの雑誌のインタビューで語られたことが話題となった、くらいです）。

では第二章ということで、精神分析についてご紹介していきたいと思います。

精神分析的心理療法を実践するワタクシが書いていくということになりますので、精神分析というものについての自己紹介、ということになりましょうか。

さて精神分析とは一九一〇年頃までに、ウィーンの地でジグムント・フロイト先生（精神科医師）がその方法を練り上げた心理療法のことです。

フロイト先生とは、精神疾患を持つ人を「気が触れた」として放置するか、「入院させて」隔離していたかの時代に、心理療法を創始していった人たちの中の最初の方の一人です。日本ではまだまだ、座敷牢（なんだそれは？　と思われた方もいるでしょうね。現在でいうなら私宅監置とでもいうのでしょうか）と言われるものがあった時代にです。恩師の前田重治先生からは、先生が九大の精神科医局におられた時分には、確かにそのようなものもあったと聞いております。

フロイト先生は精神科領域の臨床医として、神経症といわれる精神疾患の治療にあたるなか、催眠や前額法といった治療法の試行錯誤も経て、自由連想を用いた精神分析のその基礎的な方法を開発していったのです。「ねずみ男」や「症例ドラ」、あるいは「狼男」といった有名な症例もあります（有名というのは、その研究者にとってという意味合いです。映画になったり、世界史の教科書に出てくるという意味ではありません）。

現代にあっては、心理療法が数多く開発され、用いられています。心療内科や精神科クリニック等では投薬とともに、精神科医療の有効な治療手段として実践されているクリニックもあります。なかでも、二十世紀初頭にフロイト先生によって開発され、「おお！　これはいい」と連綿と受け継がれ、実践されているのが精神分析というわけです。これだけＳＤＧｓな心理療法は、他にありません。

その特徴としては、寝椅子を用います。

クライアントに横たわって頂いて、自由連想を行って頂くのです。精神分析家は、寝椅子に横たわったクライアントからは見えないところに居て、その連想を傾聴していきますが、ところどころで適宜質問をしたり、言葉をなぞったりして明確化していきます。そして、これはと思うところで精神分析的な観点から言語的な解釈を行うというのがおおまかな仕組みということになります。

無意識という領域を、クライアントとともに探求していくにあたって、フロイト先生は催眠療法から始めて、前額法だなんてものも経由して、寝椅子で自由連想を行って頂くのが一番良いということになったようです。寝椅子を使うようになったのは、フロイト先生が、一日に八人もの人から凝視されることに耐えられなかったから、という説もあります（凝視されるクライアントもおります）。

フロイト先生がどのようなクライアントの心理療法を行ったのかも書いておかなくてはなりませんね。ついでに初期の著作である「ヒステリー研究」についても触れておきます。

十九世紀後期にフロイト先生は、ブロイアー先生との共著で最初の著作「ヒステリー研究」を出版されました。そこにはブロイアー先生が家庭医を務めていたお宅のお嬢さんであるアンナ・O（本名：ベルタ・パッペンハイム）の症例など、精神分析が言うところのヒステリーの患者さんたちの症例が、実に生き生きと記述されています。

ヒステリーとは現代風にいうと、身体表現性障害・解離性障害のことです。

日本アニメの巨匠宮崎駿さんも携わった「アルプスの少女ハイジ」をご存じですか？　身体的には何の問題もないのに、失立失歩の状態のクララちゃん。ハイジと出会ってやがて車いすから歩き出す一歩は名シーンですね。このクララちゃんのような状態のことを指します。身体的には何も問題がないのに、立って歩けないのは不思議ですよね。そこにそれはなぜでしょうと、問いを立てていくのが精神分析というわけです。

アンナ・Oとは、どんな症例だったのでしょうか。手元にある本（山村豊・高橋一公（二〇一七）系統看護学講座―基礎分野　心理学、医学書院、二一一頁）をそのまま引用します。今や、看護師のタマゴたちにもこうやって、精神分析について教える時代となっています。

それによりますと次の通りとなります。

「アンナは、自分自身が熱心な看護をしたにもかかわらず父親が死亡したことを契機に、四肢麻痺や感覚麻痺、幻覚、言語障害、多重人格などのヒステリー症状（現在の身体表現性障害と解離性障害）を発症するようになった。また、コップに口を付けて水が飲めない症状にも苦しめられていた。ブロイラー（原文ママ）の治療中に催眠状態に陥った彼女は、突然、幼いころの家庭教師が嫌いだったこと、その家庭教師が飼い犬にコップから直接水を飲ませるのを見て嫌悪感をいだいたこと、しかし当時は失礼なので口には出さなかったことなどを想起し語り始めた。するとその後、ヒステリー症状は消失したという。このことから、ブロイラー（原文ママ）は、催眠下で過去の外傷体験を語らせることでヒステリー症状は消失すると考え、この治療法を浄化法（カタルシス法）と名付けている」

と記載されています。

人は自分がいいたいことを、言いたいだけ誰かに話してしまうとすっきりすることがありますでしょ。これをカタルシスが起こったと言います。アンナは本当は言いたいことを、言いたくても言えない、とずーっと心の奥底にしまい込んでいたものと考えられます。催眠状態で「お話しなさいな」と暗示をかけて語らせたら、症状が消失したという訳です。

人間、誰しも嫌な思い出は忘れていたいものです。ましてや嫌悪感や嫌な記憶といった類のことならばなおさらです。やがてフロイト先生は、多くのクライアントとの臨床経験の中から、特に心的外傷（トラウマ）となるようなことは無意識に追いやられ、我々のこころを縛っている、不自由にさせていると考えるようになりました。

心的外傷（トラウマ）

どのように縛っているのか。

心的外傷（トラウマ）という言葉を使って考えてみましょう。

次に、書いていく症例は全くの創作です。特定の個人を想定して書いているわけではないことをお断りしておきます。

近年は、気象状況が変わってきていて大雨など災害となったり、大きな地震もいくつか続いたと思います。そんな中で、例えば地震でとても怖い思いをして、それがトラウマとなっている方がいるとしましょう。かつて子どもだったころに、大きな地震に見舞われてしまったことが忘れがたくこころに刺さったと。もう数年も経っているので、普段日常生活を送っている間は忘れてしまっています。意識には上っていないという点で、無意識にあるということになります。

ところが人によっては、何か、例えばドアをバタンと閉じる音が急に聞こえたりすると、過去のトラウマ体験がフラッシュバックして、他の人以上にビックリして腰を抜かしてしまう、というようなことがある、といった感じでしょうか。

臨床家としての私個人の経験も書きますね。

我々は臨床実践の中で、クライアントの方々が無意識の領域に追いやってしまったことに関連したお気持ちにじっくりと耳を傾けて聴いております。多くはクライアントにとってトラウマとなっていることです。共感しながら、聴いております。中にはパーソナリティ障害というビックリするような診断名を付けられてしまった方もおります。

臨床実践の最中のワタクシは、クライアントが普段は意識されないインパクトのあるネガティブなお気持ちに共感している状態です。同じ、と言えるかどうかは分かりませんが、かなり近いところまで接近しようとします。

一セッション五十分で、そのクライアントとはお別れします。セッションを終え、臨床家として仕事をしていたその面接室から出ると、まあ、その辺を歩いている一般人となり、自宅に戻る訳です。

がしかし。急には普段の自分に戻っていけないくらいに、クライアントのネガティブな気持ちに曝露している場合がないわけではありません。目の前にはもうクライアントはいないので、のほほんと歩いておりますが、時として不意に飛び込んでくる大きな音だとかに反応してしまい、必要以上に過剰に心がビックリさせられるということがあったりしますね。クライアントが縛られている無意識の仕組みを、自分のこころでも再生産しているような状況でしょうか。

＊シルベスタ・スタローン主演の有名な映画『ランボー』では、主人公が心的外傷となっているベトナム戦争での体験がフラッシュバックしてしまったところから物語がはじまります。お時間のある折にぜひご覧いただければと思います。

無意識を発見したフロイト先生

フロイト先生は無意識を発見した！ともいえます。その意味で、哲学的な前進とも関係づける研究者もおられます。

図1は、前田重治先生が、フロイト先生が意識と無意識とを心の局所論として位置づけた心の構造を図として示したものです。この図について、前田先生の解説をこれもそのまま引用します（前田重治（一九八五）図説　臨床精神分析学、誠信書房、三頁）。

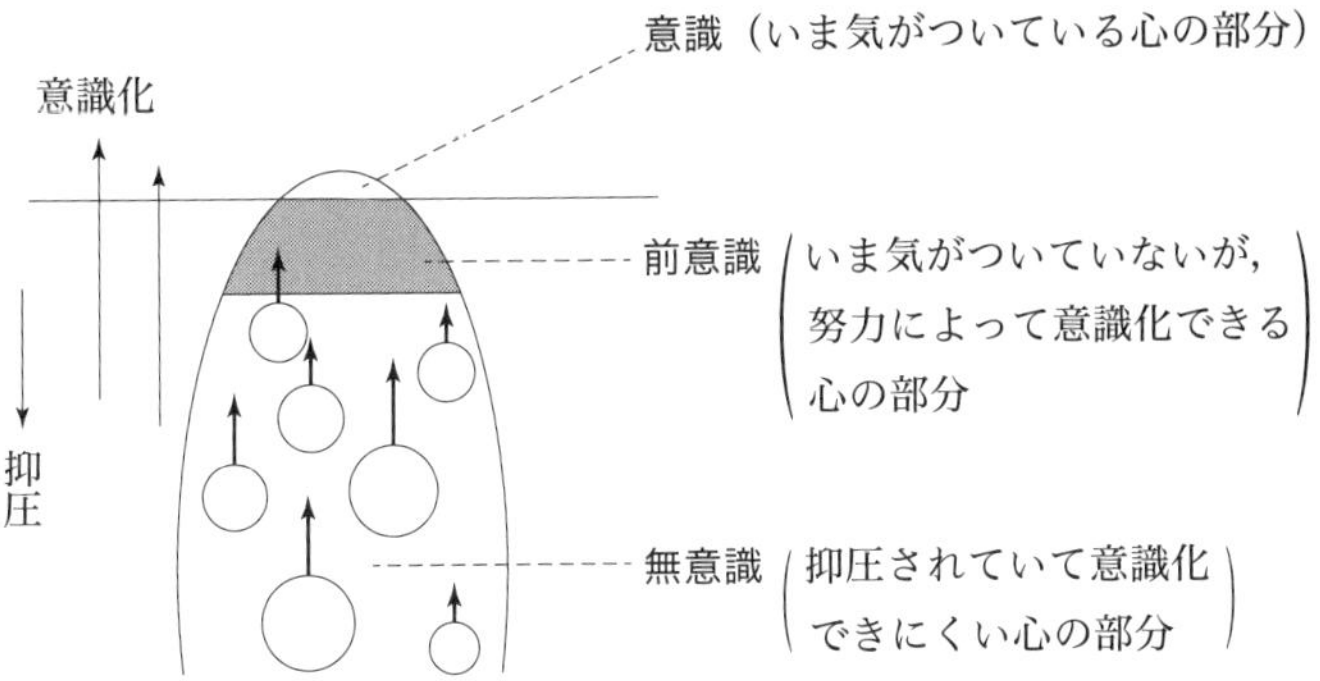

図１　心の局所論

「フロイトによれば、人間の心というものは氷山みたいなもので、意識の水面上に現れて見えているのは、そのほんの一部分に過ぎないという。心の大部分は、水面下の見えないところにかくされていて、そこは無意識の領域である。その中でも、ある努力によって、必要なときに意識へ取り出す（浮かべる）ことのできる部分は前意識と呼ばれる。無意識の領域には、さまざまな本能衝動（欲動）や感情を伴った観念や記憶が抑圧されている。それらは絶えず意識へ侵入し、再生しようとする強い力を持っている。そこで人の精神生活や行動は、これらの無意識的な力によって操られることが多い。このような氷山の喩は、のちに心的装置の図として具体的に示されるようになっている」

とのことです。

フロイト先生の居た時代、現代日本のようにインターネットを検索すれば、さまざまな性癖を持つ方がおられることや、それぞれの方が好まれるであろうコンテンツが視聴できる時代ではありません。キリスト教やユダヤ教といった宗教の縛りも強く、性的には禁欲的な文化が一般的なものでした。性に関わる本能衝動は、こころの中で厳しく抑圧される対象となっていたのでしょう。

抑圧され、無意識に追いやられる。

意識すると、不快だし、危ない気もするから、でしょうか。

アンナ・Oも、家庭教師についての不快な思いを固く抑圧し、無意識に追いやっていたといえるでしょう。

ワタクシが心から尊敬する、とある精神分析家の先日のセミナーでは、フロイト先生は精神分析の創始者ではあるが、同時に初心者でもあったので、治療的にはうまくいってはいない症例もあったということを聴講しました。初期の著作の『ヒステリー研究』では、当時は「煙突掃除」というような喩も使われていて、現代的に考えてみて、臨床的には荒っぽいと言わざるを得ません。

『ヒステリー研究』で扱われていたのは、抑圧して無意識に追いやってしまったものを、催眠下で暗示を与え、吐き出させ、すっきりとさせようというモデルです。自由連想を行うという手法を成立させた一九一〇年あたり以降の時期のフロイト先生であれば、もっと時間をかけ、丁寧にそれを行っていったことかと思います。

さて無意識。ここでは、日常生活を送るうえで普段は意識に上っていない思いということにしておきましょう。

ワタクシにも無意識が存在します。

人としてさまざまな欲望を持っていますが、例えばこれを書いている現在、それらを意識することなく、無意識の領域に追いやっているといえるでしょう。

また無意識の裡《うち》に、あれやこれやと思考したりすることもあります。特定の何事かについて無意識の裡に何らかの価値判断をしており、他人様からすれば、「それは差別だろう」と怒られることもあるかもしれませんね。例えば宗教について、ワタクシはワタクシなりの価値観を無意識の裡に備えているようです。実家が日本神道でしたので、先日地元で行われた神事に際して、神官が祝詞を上げるなか見たご神体という石には、何かぐっと迫るようなものを感じました。仏像は美しいとは思いますものの、ご神体に感じたものとはまた別のモノ、という感じでしょうかね。

フロイト先生の人となりについて

さてフロイト先生は、元々神経学者でした。このことについて私は詳しくありませんが、現代にも通じるようなそれなりの業績もあったようです。

しかしユダヤ人なので、ウィーン大学医学部では教授になれません。

若きフロイト先生、結婚したいと考えていた女性と、ともに生活していくためにはお金が要ります。

さて、どうしたでしょうか。町医者として開業したのでした。

ところで。青年期の自立ということに関わって、アイデンティティという言葉をお聞きになった方も多いことかと思います。

そのアイデンティティ研究で、後に高名になるエリック・エリクソン（Erik H. Erikson, 1902-1994）という精神分析家がいまだヨーロッパをふらふらとヒッピーのように放浪する画家であったときに、「大人になるってどんなことですか？」と尋ねられたフロイト先生は、こう答えたそうです。のちに「エリックの息子」という名前を名乗ることになる彼に、「働くことと愛すること」と答えたとのことです。

ジーンときますでしょ。

ポスドクやミュージシャンでくすぶっていた彼氏が、名誉や名声を求める気持ちを捨て、愛するあなたと生活をともにするために、「働くよ」と言ってくれたとしたらと想像してみてください。

さて、十九世紀後半から二十世紀初頭のウィーンでは、工業が興り、一方で王侯貴族が華やかな宮廷生活を送っていた時代です。文化的にも映画が始まったり、文学や音楽も華やかなりし頃です。ロシア革命や世界大戦もまだ、です。スペイン風邪が流行したこともありました。

フロイト先生はウィーン大学の近くで開業され、一日八人程度の患者さんの精神分析を行っていたそうです。大体一セッション五十分程度が現在では標準とされていますから、それを八人分じっくりと聴くわけです。メモを取ることも取らないこともあったようですが、夜に記録として書き記していたようです。

ヒステリーの症例から始めてフロイト先生は、その心理療法家としての評判を聞いてお出でになられるクライアントに心理療法を実践していきました。

そしてその心理療法での経験をもとに、多くの論文を発表していったのです。

先日の勉強会では、また別の先生から次のことを教えていただきました。フロイト先生はヒステリーの「症例ドラ」で転移という現象を発見し、「ねずみ男」で解釈だけではなく構成という技法を見出し、「狼男」で現代のパーソナリティ障害にも通じる治療的態度を確立していったのだそうです。

なんのことやら？　かもしれませんね。ただし、ここで押さえたいのは、フロイト先生があくまでもクライアントに対する臨床研究の中で、精神分析療法を確立していったということです。目の前にやってこられる精神科的な問題をもったクライアントを、何とか元気にしてさし上げようと、試行錯誤や努力を積み重ねる中で、さまざまな技法を確立していったということです。

これは、目の前においでになるお客さんに「美味しい！」と実感してもらえるようにあれこれ工夫するフレンチのオーナーシェフのようですね。

そういえば、ワタクシの従兄もこの「美味しい！」を言っていただくためにと、フランス菓子について研鑽を今なお続けていいます（美味しいらしいです。ワタクシは持病の糖尿のために食べられませんが）。

フロイト先生は、現代社会で実際に行われている心理療法へとつながっていくような考察も数多く遺されています。研究者によっては、「心理療法にとって重要なことは、すでにフロイトがどこかで考察している」と話す人もいるくらいです。我々の精神分析を「長い！」「金がかかる」と言って悪口を言うCBT（認知行動療法）だって、源流は精神分析にあると聞いています。

子どもの臨床をやったり、パーソナリティ障害だなんてビックリするような診断名を持つクライアントの臨床をやったりしているワタクシも、しばしば「これ、研究論文書くとしたら、フロイト先生のアレにあたらなきゃな」とか考えることが多いのは事実です。例えば子どもの臨床についてであれば、「フロイト先生のハンス症例以来云々かんぬん」と始めるかもしれませんし、クライアントの夢について考察するとしたら、「フロイト先生の夢分析の手法では」とか書いて始めるのかもしれません。

ご本人はあのゲーテ賞を取ったくらいの名文筆家です。統合失調症についての考察もあります。書き手であり、書き魔でもあったようです。そんな訳でフロイト全集だなんてのもありますし、標準版とされる英語版や各国語に訳された全集もあります。モチロン我が家にもあるし、最近はPCで検索したらあら便利！的にインターネットのクラウド上に置いてあったりするそうです。

ま、しかし色々な事情から、ドイツ語の原典から英語版に翻訳するにあたって、精神分析が心理療法として社会的に認知されるためには、と翻訳者が医学っぽく言い換えたりして（これには功罪アリ）、面白いはずのフロイト先生の文章がコムツカシクなっていったという経過を辿って現在にいたります。

一九一〇年頃には、方法として精神分析が整っていきましたので、その評判を聞いた医師、あるいは臨床心理士的な立場の仕事をしていた人たちがフロイト先生の下に修行に来て、自分も開業して精神分析を実践し、対価を得る状況になっていきました。

訓練プログラムも確立されていき、フロイト先生の下に、あるいはそのお弟子さんたちのところに来て、精神分析家としての訓練を受けるということも増えていきました。日本人ならば、古澤平作先生が海を渡っていかれ、訓練を受けて戻ってこられたそうです（ちなみに彼は、現在の日本精神分析学会と日本精神分析協会の源流を作った方の一人です）。

訓練について少々

インチキセラピストや藪医者が迷惑であるのは、いつの時代も同じです。

そのため、訓練も次第に厳格なものになっていき、訓練を終えた同業者が集う同業者組合も生まれていきました。ワタクシ？　もちろん冒頭で、精神分析的精神療法家であることを名乗っていますので、日本精神分析協会という同業者組合が認めた精神分析的精神療法家ですよ。タイヘンでしたよ。それなりのお金と時間とをかけていますので、現在それなりの対価を頂いているという訳です。

では、日本精神分析協会とは？

僭越ながら、協会のホームページから藤山直樹先生のご挨拶の文章を引用させていただき、読者の方々に簡単にご紹介しておきましょう。

藤山先生はまず、こう述べておられます。「私ども日本精神分析協会は、ジークムント・フロイトが創立した国際精神分析学会：International Psychoanalytical Association（IPA）に加盟する精神分析家の集団です。精神分析家はフロイトがその基礎を作った精神分析という実践を日々自分の仕事としておこない、そこから得られた知見を学問的に探求していきます。その精神分析家が集まってひとつの団体を作り、精神分析の発展に向けて協力しているのです。ですからこの協会はひとつの職能集団といってもよいものです」

さらに「そして日本の社会のなかに精神分析が根づき発展することを目指して、さまざまな団体と友好的協力的な関係を維持して活動しています」と述べられ、その団体の一つとして「私たち自身が設立した「日本精神分析協会精神分析的精神療法家センター」」を位置付けておられます。ここで日本精神分析協会の「訓練資源を使って、より広い範囲の臨床分野で活躍できる精神分析に方向づけられたセラピストの養成がおこなわれています」というわけです。

はい。ワタクシはそのセンターで訓練を受けたセラピストというわけです。

心理療法といわれるもの全般が日本に取り入れられて以来、いろいろな経緯があり、日本では週に一、二回程度の頻度で行われることが一般的です。一方、フロイト先生が創始した精神分析は週に四～五回程度の頻度でお会いするのが一般的なのです。精神分析家になるための訓練の一つとして、自らも訓練分析を受けることがマストとされますが、後述するようにこれではかなりハードルが高い、と。

また低頻度であっても、日本ではニーズがあります。そこで低頻度、すなわち週に一、二回程度の頻度でお会いする心理療法家も養成しましょうということに相成ったわけです。

日本精神分析協会をさらにスマホでググれば、精神分析家と精神分析的精神療法家の違いが分かります。博士課程修了と修士卒くらいの違いでしょうかね。

座学では、ベーシック・セミナーではレクチャーです。しかし覚悟して協会のドアを叩いてアドバンスに進みますと、レクチャーではありませんでした。講師の先生がまず、ご自分が専門的に研究している領域について、事前に相当数の論文や著作を提示されます。いわゆるリーディングリスト、です。そしてレクチャーの当日は、それを読んだ上で、講師の先生を中心にしてディスカッションするのです。こちらも日常の仕事をしながら参加している訳なので、学生時代のようにじっくりと時間がある訳でもない。しかも自分が「イイなー」

と感じてそれなりに研究している精神分析の先達の文献であるとも限らない。

しかし。読んでなかったりするとまあ大変、講師の先生は当然のことながら「読んでないのか」という目をなさり、おそらくこころの中の成績表にバツを一つ付けられてしまいます。何しろ少人数ですし、どこの誰の紹介や推薦でここに座っているのかまでわかられてしまっています。バツを一つ付けられてしまっては、推薦や紹介をしてくださった先生に、申し訳ないという気分にもなります。またいわゆる「同期の仲間」たちのうち、誰が先にライセンスを得るのかといったようなライバル心も当然バチバチしています（今思い返してみると、本当にバチバチという音がしていたかもしれないと思います）。

このようなシビアな時間を、これでもかというくらいにこなすことを求められます。

並行して、精神分析の専門家になるためにはマストであるのが、自らも訓練分析として精神分析を受けていることです。「修士コース」と「博士課程コース」の違いはここ、です。「修士コース」は週に一回以上とされますが、「博士課程コース」は確か週に四〜五回とされていたと記憶しています。仕事をしながら、文献読みながら、セミナーに通いながら、そして社会生活と日常生活も送っています。いったい誰がそんなことを乗り越えていけるのだ？とは思いますが、乗り越えた人がいるし、スマホでググって頂くと名簿まで載っています。

あ。さらにさらに、訓練として重要なのはスーパービジョンを受けるということで、これもマストです。協会のメンバーの中でお墨付きを頂いておられる臨床家から、自分の事例について指導を受けるという訓練です。「博士課程コース」では、自らも週に四〜五回の精神分析事例を実践し、その実践について指導を受けるわけです。お、簡単に実践し、と書きましたが、時々神社参りしてそれでよいという日本です。教会に毎日通って、それが信仰というものだよという欧米とは違う訳です。週に四〜五回通ってきてくださる。そのようなクライアントに巡り合うこと自体、奇跡的といえるかもしれません。

これがインターナショナルな基準の「博士後期課程コース」とそれに準ずる「修士課程コース」で行われている訓練の概要です。

ワタクシは志を立てて、協会のドアをノックし、お認め頂いて研修を始めさせてもらい、そして最終的に冒頭で書いたような名刺を作ってよいとこれまたお認め頂くまで、十三〜四年かかりました。

同期には「途中で辞めた？」とか「追い出された？」とかの噂の先生もいましたっけ。

精神分析のその後の歴史（一九一〇〜）

やがてヨーロッパでは第一次世界大戦、そして第二次世界大戦という二度の大戦を経る中、精神分析家たちにとってさまざまなことが起こりました。

フロイト先生はユダヤ人です。ナチスの迫害を受ける可能性が出てきました。「こりゃいかん！」と実際に言ったかどうかはわかりませんが、フランスの王室の流れを汲むという方が一計を案じて、先生をイギリスに逃がしました。その他の分析家たちもヨーロッパへ、あるいはアメリカへと国外脱出していきました。その後、現地で精神分析家として禄を食むことになっていったわけです。世界中に広まっていきましたよ、精神分析は。南米やインドなどへもです。

聞くところによりますと、中国にも「こりゃイイ」と精神分析を始めた人がいるそうです。しかしですよ。どこで党員が聞いているのかわからない事態だと思いますし、うっかり書記長の悪口でも言って垂れ込まれたら大変ですし、ワタクシが今居住する九州だなんてのは、中国のすぐ近くです。本国で本音を言えない・言わない中国の富裕層辺りが、週に一回プライベートジェットで通って頂く時代にならんかなーと思ったりします。今、円安ですし。きな臭い状況が続いているヨーロッパよりも安全かも、と紙上を借りて営業しておきたいと思います。

さらに洗練されていった精神分析

その後精神分析は心理療法として、さらに洗練されていきました。試行錯誤があってのことです。一つには治療対象が拡大していきました。精神分析というものが、フロイト先生の時代には本格的には、治療対象とはあまりされていなかったクライアントへと拡大されていったのは、当然と言えば当然の話ではあります。それに応じて新たな治療技法も開発されていって現在に至っています。丁度コロナの治療法が新たに臨床研究され、開発されていったのと同じように、です。また、メンタルヘルスの予防的な観点への応用もなされていきました。「三密を避ける」が公衆衛生的に広まっていったようにです。

ですから現代の日本社会にも、「ああ。精神分析の言葉だな」と思うものがあちこちに散見されるのは事実です。アイデンティティだなんてのは、ガッツリ精神分析です。生涯発達論というものもそう。生涯自分磨きを続けていって、「暴走老人」だなんてのにはなりたくない、ですね。精神分析家であるエリクソンのこの概念を、厚生労働省が受け容れて、看護師さんたちや保育士さんたちにもこの生涯発達の考え方を教えることになって、久しい、です。東日本の震災の際から言われることが増えたトラウマや、ＰＴＳＤの考え方もそうですね。皆、精神分析の臨床の中で生み出された言葉です。

治療対象の拡大

治療対象の拡大としては、子どもにも応用されるようになったことを、まず挙げたいと思います。何せ私の専門領域の一つですので、先ほどもその道の若手に、対価を頂いて指導して参ったくらいには、ですよ。この本が出版される出版社とは別の出版社ですが、「子どもの精神分析的心理療法」『現代精神分析基礎講座　第四巻』（金剛出版、二〇一九年所収）てな本も書いてますと営業させていただきます。

また、当初いわゆるノイローゼ、すなわち神経症と見立てることができる人たちの心理療法が中心だったところから、「神経症ではない」かといって「統合失調症でもない」「うつ病とも言えない」人たちの治療にも応用されていきました。裏返して言うと、「神経症かも」だが「統合失調症かも」「うつ病かも」な方たちです。統合失調症とは、昔で言えば精神分裂病のことで、治療法が確立されていなかった時代には、日本では「座敷牢」に入れていたというケースもあります。確か筒井康隆さんのナイスな小説の中に、この手の人が登場します。

＊統合失調症という疾病は、かつて入院させて放置するしかなかった時代からさまざまな治療法が開発されていきました。安静、投薬というだけではなく、SST（Social Skills Traninng）等も導入され、社会復帰を目指した総合的な治療が取り組まれていると聞きます。それ以前からの移行期の精神科病棟の様子を、ジャック・ニコルソン主演の映画『カッコーの巣の上で』で垣間見ることができるかもしれません。

さて、そんな人達ですから、強迫神経症を代表とする神経症のクライアントとの治療のようにはいきません（強迫神経症というのは、アレです。外出の際に、ドアのカギを締めたのかどうか、火を消したのかどうか気になって、結果的に外出することが出来ないで困っているような方々です）（日本人は「祓いたまえー、禊ぎたまえー」の文化ですから、結構強迫的な方が多いようです）。

第二次世界大戦が終わって、やっと一息ついた一九五〇年代にロバート・ナイトという精神分析家が、境界例として症例報告しました。そこから、そうだよねー、いるよねーという話になり、当時は「どちらかでもありそう」だが「どちらでもない」という意味で境界例と言われました。日本でも武田専《まこと》先生が先見的なご著書を記しておられます、そういった方々への臨床研究が、そこから本格的に始まりました。

現在ではパーソナリティ障害という診断がつく彼らの困り感、これを何とかしなきゃ！との思いからでしょう。現代では「行動の病」（鈴木智美医師による）とされ、精神分析的心理療法も利用しながら困り感をなくしていくための治療が行われるようになってはいます。その治療を行っていくために、フロイトが開発した精神分析を、言ってみたら原法を「〜したらイイ」とか「〜には気を付けなくては」という注意事項も臨床研究から整えられ、現在に至っています。

ワタクシもその実践家です。一つノイローゼのクライアントとの違いを言うとすれば、管理医をきちんとつけることでしょうか。オクスリが有効な場合も多いし、面接室の外でのことを的確に管理して頂かないといけない必然性もあります。で、管理医とはお互い出来る限り干渉しない。そんな信用できるドクターを見つけるのがマスト、です。フロイト先生以降のジェームス・マスターソン等、さまざまな精神分析臨床家の研究を参考にしています。

我々のこころの中には子どもの時のこころの痕跡が必ずある、と精神分析は考えます。一言でこの方たちを表現するとすれば、子どものこころに歯止めが効かなくて、つい行動してしまうってな感じでしょうか。それの歯止めが効かなくて、つい「やらかして」しまう。とっても後悔するけど、やっぱりまたどっかで「やらかす」。他人からは「アンタ、また!!」と忠告され、アドバイスもされたりするけど、また「やらかす」という精神分析がいうところの反復強迫を分かりやすく現実のものとされておられる方ですかね。わかりやすいことで言えば、「つい、不倫をしてしまう」とか。したい、と考えるのは自由ですが、実際に「やってしまう」とさまざまな問題が生じますでしょ。

架空の症例――パーソナリティ障害

事例：以下ご紹介する症例は、全くの創作です。本書の初めに書きました通り、これまで三十数年間臨床に携わってきた中で見聞きしたことを、わかりやすくシンプルに合成して書くこととしています。実際のクライアントも臨床も、そんなにシンプルではありません。全くのところ、です。

そして未治療な状態として、提示したいと思います。

診断名：境界性パーソナリティ障害（受診されていないという設定でお願いします）

当事者：Aさん三十代女性、結婚はしておられず、就職氷河期時代の煽りを受けて非正規社員として事務職にある方とします。

非正規社員という不安定な立場で仕事をしておられることも反映して、高校を卒業して社会人となられてからも、度々深酒をなさるという習慣をお持ちです。いわゆる美人でスタイルも良く、そんでもって飲みっぷりもよいので、若いころから街中でよくナンパされてしまう方、としましょう。

ナンパされ、それで一緒に飲みにいった相手とワンナイトスタンド。おわかりですね、一夜をともにしてしまう。しかも酔っぱらった状態でコトをいたすので、避妊もちゃんとしていない。朝ベッドの中で目覚めて、隣に寝ている男性はいかにもだらしなさそうな、時にはとてもイケメンだなんて言えないオトコであったりもする。

そのような朝を迎えるたびに「これはイカン！」ともうこんな生活はやめようと深く後悔はするものの、ついい深酒をしては……と繰り返してしまう。若い間はそれでも良かったのかもしれないものの、三十路に入る中では若さも次第に衰えていき、ナンパされることも少なくなったし、同僚男性とも誰彼ともなく飲みに出かけるためもあって、他の女子社員からは総スカンを食らうし、そういうことは管理職にも伝わるがために、契約を更新してもらえず、契約期間が来るたびにこの不況下にもかかわらず、失業保険を当てにしながらも就職活動をしなくてはならない。

実家の親からは「早く結婚を」とか「孫を見たい」とか言われても、育ててもらった恩があるのは確かではあるので、頭ではわかってはいるものの、帰省するたびにテキトーなことを言ってはお茶を濁し続けるしかない。たまには飲みに行きたいものだと、最近流行りのマッチングアプリを使って、適当な男性を見繕おうとしてもテキトーなオトコしかヒットしないし、同世代かそれ以上かのリッチなオジサマ？なんてもはやどこにいるのだろうかという日々が続くのでした。

さて、シンプルに書いてみました（五分？）。

パーソナリティ障害だなんて、ビックリするような診断名を、もし困り感を持って受診されたとするならば、診断されるだろう方は「こげんあると」です。読み直してみて、早くどこか適切な医療機関につながればいいのに、そして精神分析的心理療法とか受ければいいのに、とか思いました。まあ、ただ精神分析は有料ですので、飲みにいく回数を減らしたり、節約したり、あるいは年収をあげるためにきちんと就職活動をするか、それともスキルアップするために資格を取ったりとかも必要でしょうねえ。

＊映画『スーサイド・スクワッド』に登場する女性主人公は、この状態に近い方のように見えます。ご参考までに。

精神分析の自己紹介の最後に

さてそれで、医療・福祉従事者として、精神分析的精神療法家という名刺を持つワタクシは何に従事しているかが、見えてきたかなーと思います。そして今、どんなことで対価を得ているのかもお分かりいただけたかと思います。フリーランスという言葉で簡単そうに書きましたものの、場所が要る、時間が要る、管理医が要るとそれなりの信用度がないと、できません。名刺には「ＪＰＳ精神分析的精神療法家センター（正会員）」と書かせて頂いておりますが、志を立て、こう名乗れるようになるために費やしたもののことを考えますと、さもありなんです。

ＪＰＳ、すなわち日本精神分析協会（という同業者組合）から「お前は、そう名乗ってイイ」と許可されるまで、幾多の苦難がありました。訓練の過程では、「お前はダメだ〜」という判定がなされ、追放されてしまうリスクもあります。あらゆる国家資格がそうであるように、「専門学校に通って国家試験受けましたので、この仕事デキマース！」という訳でもない。知り合いのとっても身近な大学教員に、「私、保育士資格持っているのです」という方がおりますが、その人にワタクシの孫を任せようとは、到底思えない。

まあ、そんな身を削る訓練と身を削る仕事をしております、よ。

第三章　精神分析では何をする？

自由連想という体験について

精神分析では、クライアントに自由連想を行っていただくと書きました。

では自由連想とは何でしょうか。

クライアントには、寝椅子に横になっていただいている状態です。そこへ次のように言うのです。それは、「あなたの頭の中に浮かんできたことを、あたかも列車の窓から景色が見えるのを実況中継するように、言葉にしてください」と教示するのです。さてどうでしょう。

リラックスした姿勢を取り、目を閉じたり閉じなかったりしているとどうでしょう。夜寝る前のあの感じです。昼寝するときの感じでもあります。ちゃーんとエアコン等で温度も整え、大音響で音楽が鳴りだすとかがない、といろんなことが浮かんでまいりますね。それをそのまま実況中継するわけです。

しかしこれって、後ろの見えないところに誰かが居て、コツコツとメモのようなものを取りながら聴いているとしたら、どうでしょう。決して自由ではありませんね。精神分析家がどんな顔をして聴いているのだろうか？　とか、自分は変なことを言っていないだろうかと気になりますね。しかも時にはピーと線を引くような音さえ聞こえてくる。やっぱり何かヘンなことを口走ったのではないか？という気にさえなります。

大変に不安を掻き立てるセッティングな訳ですよ。不安喚起的、です。

これは体験してみられるとよーく分かります。

では、ワタクシの経験をお話ししましょう。恩師の前田重治先生が、古澤平作先生との精神分析での経験を紹介し、精神分析について語った『自由連想法覚え書―古沢平作博士による精神分析』（岩崎学術出版社、一九八四年）に倣いたいと思います。

二〇二二年に逝去された西園昌久先生は、ワタクシの訓練分析家です。

精神分析的心理療法家としてのアイデンティティを獲得していくため、訓練の一環として自らも精神分析を受けるのです。福岡に居住しているという地理的な状況が幸いして、なんと日本を代表する精神分析家の一人である西園先生が、ワタクシの分析を行ってくださることになったのです。

先生は、端から見ると本当に穏やかな表情をされていて、いつ伺っても変わらずに落ち着いた雰囲気で、決まった時間にはちゃんと座っておられました。また面接室は静かで、こじんまりとした書斎風となっており、とても落ち着ける空間です。大きな机と大きな寝椅子が置いてありました。昨今は「エアコンもほどほどに」的な運動もなされているようですが、先生の部屋は空調もバッチシ！　な部屋な訳でした。

ワタクシが寝椅子に横たわりますと、これも穏やかな声で「どうぞ」と仰られる（二回目からは「どうぞ」なんですよ）。そして時間が来れば、一言「ハイ」とこれまた穏やかに仰られ、別れ際にはにこやかな顔で、「お気をつけて」といってくださる。これだけ書くと、あたかも好好爺然とした先生との、何事も起こらない穏やかな時間を過ごした、かのようですね。

ワタクシは、訓練分析家であったこの西園昌久先生との初回のセッションを今でも思い出します。「ちゃんと自由連想出来ただろうか??」と不安のあまりにくたびれ切って、セッションの後ではもう頭が回らず、福岡市博多区にあった先生のオフィスから自宅のある福岡市中央区まで、今考えれば何でだろうと思う距離でもあるのですが、ヘロヘロになって歩いて帰ったことをよーく覚えております。持てる力を出し切った感じや、頭が興奮しまくった状況のことも、です。家に帰ってバタンキューでしたっけ。

架空のセッション（自由連想編）

事例は、「自分のことをよりよく知りたい」ということで精神分析を始められたクライアントで、自由連想に慣れてこられた状況ということにしたいと思います。（会話中、「」内はワタクシの発言、ということでお願いします）

「どうぞ」（沈黙）ん〜。うん。先ほどから、考えていたことがあったんだけど、何だっけ。あ〜、そう。そういえば、この間のこと。ビックリすることがありまして、ええっとメモしたんだった。付箋に。先生に話さなきゃなと思って。安倍元首相の件です。ヤフーニュースでコメント見てたら、これはちょっとな〜というのが結構あるもんですね〜。「ほう」書いたもん勝ちってえわけにはいかんと思うものまであって、ですね。「どのような？」それがですね。（寝椅子の上でゴソッという音が聴こえる。ワタクシは背後の椅子に座って書いている記録用紙を挟んだクリップボードをちょっと傾ける）……そこからさまざまなコメントについてひとしきり語られた……つい、ネットを立ち上げると、見てしまうんですよね〜キリがない。「キリがない、と」ええ。（沈黙）（ワタクシの中で、キリがないという言葉が響きだす。そこで）「そのようにおっしゃられることが多いようですね」ええ、そうなんですよね〜。いつも、そう。「それは、なぜでしょうという問いを立てたくなりますね」なぜでしょう……。

＊場外の方には、何のことやら？かもしれませんが、ワタクシとクライアントとの間では何事かが共有され、精神分析的に問いが立てられていくことになるのです。

自由に話していただくことも

と、まあこれくらい大変な作業です。

ですから、この設定には耐えられないというクライアントもいます。

そのような場合には、どうするのかということになりますね。

現代日本では、寝椅子に横たわるのではなく、お互いにゆったりとした椅子に座り、九十度ないしは百二十度くらいの向き合い方をしてお会いしていくのが一般的です。これだとクライアントは相手の顔を見ても見なくてもよいということになります。真正面に対峙して座るというのは、かなりインパクトがある座り方です。ですから就職試験や採用面接の際には有効ですが、心理療法では一般的には用いられません。

横に並んで座る百八十度法や後ろに向かい合わせで座ることも、アリかと思います。

横に並んで座る形態ですと、ちょうどベンチなどに友人同士や恋人同士で座っているような感覚となりましょうか。二人並んで見るものもなく見ているようになります。発達心理学で言うところの共同注視しているような感覚がもたらされるかもしれません。師匠の北山修先生が作詞家として書かれた「あの素晴らしい愛をもう一度」の中に、二人で並んで夕日がきれいだねと語り合ったというような歌詞が出てきますが、あの感じにもなるかもしれません。

私の経験ですが、発達障害の特性をもつお子さんとお会いし始めた時、眼も合わせてくれない彼との関係を、待合室で長椅子に並んで二人で座ることから始めたということがありました。最初は待合室の本棚にあったマンガを読むばかりで、ワタクシの言葉には一言も応じてくれず、また一メートル以内には入らせくれなかった彼との関係が、そうやって始まったということになります。

椅子の間には、センターテーブルのようなものを置き、時計とカレンダーなどを置くとよいでしょうか。これはある一定の距離を置いて座るような工夫でもあります。昔は灰皿を置いていた時代もあったかもしれません。フロイト先生自身はヘビースモーカーだったそうです。置くのもありかもしれませんが、現代的には受動喫煙防止のために置かない方がよいかと思います。クリニック等の面接室ならばなおさらです。クリニック自体が禁煙の施設であることが多いのが日本の現状かと思います。

で、寝椅子で自由連想では負荷が高いと判断して、このセッティングで面接を行う場合は、次のような指示、というかサジェストをしてセッションを始めます。

すなわち、「話したいことを、話したいところから、話したいように、あなたに丁度良いペースでお話しされてください。話したいだけ、どうぞ。ただしお取りしている時間は、五十分と限られております」で、「どうぞ」です。二回目以降は「さて、いかがですか？」とちょっとだけ問いかけるニュアンスで柔らかくお伝えする、ということになります。

困り感をもってお出でになられているわけなので、このようにお伝えすると大抵の場合は何らかのことを話し始められます。稀に絶句されてしまうこともあるかもしれません。その場合は「絶句、されましたね」とお伝えし、絶句されているその背景には何があるのだろうかと考えて時間をすごしますかね。セッションの間ずっと話しておられるわけではなく、沈黙も生じえます。若いころはこの沈黙が苦手でした。「早く何かを話してくれないかな」と考えながら、気まずい思いを抱いていました。今だから告白しますが。

架空のセッション（精神分析的心理療法編）

「どうぞ」そうだなあ（しばらく考え、その時に話したいと思われていることを目を閉じて探っている感じ）。

そういえば、今週は新しいプロジェクトが始まって。あれこれと準備するにはしたのだけれど……。「どうしましたか？」毎回同じことを言っているような気もするんですけど、アレです。「ん、アレとは？」先週もお話ししたかと思うんですが、つい、やり過ぎてしまうんです、つい。「お仕事を、ですね」ええ、七、八割がたでいいんだっていうことは、センセイとも話してきてだいぶわかるようになってきたんですが……つい、あれやこれやと目についてしまったり、ここまではやってしまいたいという気持ちがフル稼働した状態になったり。今回は特に、お客さんも期待しているらしいというようなことを誰かから聞いたもんですから、ね。「フーム」まあ気が済まないっていうか、問題を中途半端にしておけないというか、早く解決してしまいたいというか。つい、完ぺきを目指してしまうのかな。でもやればやるだけ、アラも見えてくるし、となると手を入れたくなる。置いておけないんですかね～「置いておけない、と」はい。この世の中に最適解はナイ、っていうことぐらいは頭ではわかっているし、人にもそう言うんですね。特に部下とかには、ですね。もっと力を抜いていきなさい、ってアドバイスだってする。そうなんですけど、自分のことになるとつい、やり過ぎてしまうことを繰り返している。「それはなぜでしょうね？」ま、センセイとの話で自分の中でも見えてきたのは、競争心なんですよね。そう、競争心。誰かと競争しているという訳でもないのに、ついそういう気分になってしまうんです。「確か負けず嫌いだとかとも」うちは親父が個人事業主でしたでしょ。業界でもそれなりに名前は知られていた。後を継がせようと思っていたらしいけど、思春期に反発して、ね。全く別の畑の学部に進んだってわけですよ。で、遺恨があるわけでもう実家にも何年も帰らない。まあ、今年はね、孫の顔くらいは見せてあげなといって思ってきたから、帰るには帰ります。でもね～。親父の顔を見るとね。「どんな感じになるんですか」まあ、これは最近やっと考えられるようになってきたんですが殺るか殺られるかなんですよ。大体親父との間では。自分と高校生の息子との間にはそんなもんないんです。「まあ、物騒ですね、『仁義なき戦い』のような気がしてきました」ああ、そうそう、あの映画みたいなもんで、殺られたらそちらが悪いってカンジっていうんでしょうかねー（ワタクシの中には、ゾロリとしたカッターナイフを突きつけられたような感触が湧きおこってくる）。「匕首《あいくち》を喉元に突きつけられたように感じましたよ」そう、それ。そんな感じに、時としてなっちゃうんです……。表面的にはもう後は継がないというハナシはハナシとして決着してはいるんです。「どうして、そんな殺伐とした思いにかられるんでしょうね」そうだな〜〜？

（というような調子で進みます。おそらくはクライアントはお父さんとの間でエディプス・コンプレックスをこじらせていて、そこに固着点があり、ゾロリという感触が投影性同一化という原始的な防衛機制を通じてワタクシのこころに投げ込んでこられたあたりからして、おそらくパーソナリティ障害という診断がつく水準の方で、そんでもって投薬も受けながら治療としては進んでいることかと思います）

＊ちなみに投影性同一化とは、対人関係で起こる次のようなコミュニケーションのことを指します。すなわちある人が、とても自分では抱えておられないような情緒が生じた際に、目の前の誰か、例えば臨床心理士のような人に投影します。そしてさらにその人にその情緒を我がことのように体験させるのです。

沈黙について

「話したいことがある」と来談されたにも関わらず、前節のようなインストラクションもしているのに、絶句して何もしゃべれなくなる。きっと何かがありますね。話すことをめぐって、です。舞台に立って歌いたいと、舞台に上がったのにも関わらず、歌えない状態です。舞台は想像していたようには居心地がよくないのかもしれませんし、マイクを握った途端に緊張しすぎてしまったのかもしれません。何しろ舞台ですから見ている人がいます。すなわちワタクシという精神分析的心理療法家です。ヘンなことを口走るのではないかと恐れておられるのかもしれません。

とまあこれくらいのことは考えますね。

そして目の前のクライアントのアセスメントの結果と照合し、「〜だろうか」、あるいは「〜かもしれない」と仮説をたてるでしょう。その後、まずは今ここで絶句してしまっていることを「おや？」というような顔をして話題の俎上に載せることになります。「せっかくおいでになられたのに、言葉がお出になりませんね」と、ですかね。瞬時にこれくらいのことがアタマで整います。そして「今、どんなお気持ちなのでしょうか？」と情緒に触れることになります。ワタクシがそのように言葉で情緒に触れようとする介入を行いましたので、クライアントが自らの情緒に触れるのを待つのです。

また、沈黙が生じると、今なら積極的に活用しますね。もちろん、この沈黙の意味するところを考えます。そしてクライアントが話を再開するのを待っています。沈黙には、何らかの意味があるのだと考えています。ですからその意味を精神分析的観点から考えていくわけです。

そこではある程度の見通しを立てながらも、自分の中で生じている何らかの連想をあえて言葉にして、メモしておくようにもしていますでしょうか。このメモが意外にそのセッションの次の展開にとって重要であることに最近気づきましたので。

ネガティブ・ケイパビリティについて

人のお話を聴く仕事をするようになって、身についてきたことがあります。

その一つにネガティブ・ケイパビリティというものがあります。自分自身の中で起こっている「おや？」というわからないという問いが立った状態に耐える力と言ってもよいかもしれません。

人はこの状態がとても苦手です。答えがわからないとモヤモヤしますでしょ。

先日中学校のプチ同窓会がありましたので、出かけて行ったところ、「パネルクイズ　アタック・クイズ25」とかっていうテレビ番組で、優勝数回という同級生に出会いました。見たことがおありの方もいるんじゃないかと思いますが、早押しで答えるというあの番組です。視聴者が「なんだこれの答えは？」と思うようなクイズに対して選手の方が、パッとスイッチを押して正解だとスカッとしますし、不正解だと「ダメじゃん！」とか思ってイラッとする。我々は答えを知りたいのです。そういう生物です。

ですから言葉でコミュニケーションを行う際にも、わからないことがあるとそれを明らかにしていきますね。そこではまず、わかったこととわからないことを区別して、わかったことを置いておくという脳内操作が必要です。そしてわからないことを検討していきます。ここで重要なのは、わかったことに嬉しくなりすぎてしまって、わからないことがまだあるにもかかわらず、わかったつもりとなることです。

このわかったつもりになることを、心理療法家は危険視します。受け取っていない、すなわちわかっていないことがあるにも関わらず、わかったつもりになってしまい、それ以上のコミュニケーションが進まなくなっている事態だからです。あるいは、わかっていないことがいまだにある状態なのに、早合点してわかっていると勘違いしてしまう事態でもあります。

これがビジネスの契約をするとなるとどうでしょう。

わかったつもりになって契約したのに、わかっていなかったことがあるという事態です。「聞いていなかった」という言い訳は通用しませんね。「わかりました」と自分から言ったわけですから。サインまでしたりもしている。

ネットで何かアプリをダウンロードするときに、長々しい何かの説明の最後に「同意します」あるいは「同意しません」と表示が出て、「同意します」にチェックを入れない限り先に進めない事態がありますね。性善説の下、多くの方はその何かの長々しい文章はすっ飛ばして「同意する」にチェックをしたくなる。ここで想像していただきたいのは、その長々しい説明文の最後に、とても同意できないような、しかも決定的な一文が書いてあったとしたらどうでしょう。そう。悪魔のような一文が。

ネットのシステムは融通が利きませんので、同意した限りは恐ろしいことがあなたのスマホで着々と進んでいくのです。

ですから、ビジネスでもこのネガティブ・ケイパビリティが重要だよと仰るビジネス・パーソンがおられます。ワタクシも最近は、本業以外にもビジネスを行うようになりましたので、コンサルタントの先生から「わからないことがあったら、早飲み込みせずにわかるまで聞くように」とアドバイスされたり、「わからない、知らないということは恥ずかしいことではない」とサジェストされたり、「利益が出ることが大切なのだから、キチンと見極めがつくまでは待つように」とも言われたりで、「ネガティブ・ケイパビリティだわい！」とワタクシの本業との共通点が見つかった！と嬉しくなって、コンサルタントの先生と話題にしたことがありました。

精神分析では何をどのように聴いているのかということについての答えの一つがこれだと言えるでしょう。「話したいことをどうぞ」と聴いているわけですが、このような意味では、そもそも自分自身の感性や経験値がまるで違うわけなのですから、そんなに簡単にクライアントの話がわかってしまうハズがありません。わからないことだらけ、です。そこに適切に問いを立て、おたずねするというやり取りが成り立っていくのです。

まあ、業界外の方からすると奇妙なハナシの聴き方をしていると思います。ここまで書いてみてあらためて感じたところです。

このようなハナシの聴き方について、松木邦裕先生が名著『耳の傾け方──こころの臨床家を目指す人たちへ』

（岩崎学術出版社、二〇一五年）で、詳細に、かつ分かりやすく書いておられますのでおススメします。ブレイディみかこさんの二〇二一年にヒットしたエッセイ集『他者の靴を履く──アナーキック・エンパシーのすすめ』（文藝春秋、二〇二一年）に、「共感」について、相手の靴に自分の足を入れるような構えでこれを行う、というようなことが書いてあります。イギリス在住の保育士である彼女は、同年代で、同じころに同じスタジオを使って別々にバンド活動をしていたことのある方です。松木先生の本にも、同じことが書いてありましたので、もしかすると英語圏では、そのように表現するのかもしれないなと感じたところです。

架空のセッション（ネガティブ・ケイパビリティが有効だった編）

「いかがですか？」（「」内はワタクシの発言です）そうだなー……アレですね〜参っちゃいます（ニコリとされる。何がアレなのだ？　と問いが立つ。ニコリに流されてはいけない）。「アレ、というとどのアレですか？」前から言ってるアレ、ですよ〜。「色々なアレが、ありもしましたので、どれかな〜と」えっと。仕事でね、だいぶわかってきたとは思いながらもついつい、やり過ぎてしまうってえハナシ。「ハイハイ。そう仰られてましたね」でね、この前もついついヤラカシちゃった訳でさ、困ったもんだよ、オレは。（言い切って、それで満足して終わりそう。いや、今回はどんな風にやらかしたの？　全く同じってことはなかろうから知りたい！）「今回は？」いやー、それがさ。何と悪いことにクライアントが女性でさ、ついつい今回は、今回に限っては大見得を切って及んだってわけよ。「クライアントが女性だと、どういう風で？」ついつい、親父のこととかよりも母親に愛を求める？　そんな気分だったと思うよ〜あんなの初めて。こういう場がないとさ、普段からは親父との関係だとか、母親への思いだとかそんな発想もないし、考えもしなかったけど今回はさ、母親との間にも何だかがあるっていうことが、初めて自覚できたってわけよ〜それでね……（以下、略）。父親との関係が整理されてきたからこそ見えてきた、母親との間の何だかんだ、しかもそれは次男というポジションだからこそ生じうるという新しいテーマが同時並行的に話を始められることと相成りました。

切断について

で。大抵の場合は、クライアントが語られることに耳を傾け、クライアントが語られることをその意味をなぞるようにして繰り返したり、「～ということですね」と明確化したり、わからない点について質問したりして時間は過ぎていくのです。

そして三十数年来この面接というものをやっておりますので、時計を凝視したりしないようにすることはできるようになっています。終了時間が来ましたらあたかも今時計の時間に気づいたかのようにほんの軽めに凝視して「あ。時間ですね」とお伝えすることにしています。

コミュニケーションをセラピストの側から、切断するのです。

その場を、対価を頂いて管理しているのはセラピストの側です。ですからクライアントが気づいたら、でも話がひと段落してクライアントに話した感が生じたように見えたら、でもありません。ワタクシの場合は一セッション五十分です。そこでぴたりと切断して、十分間の間を取って次のクライアントに向かうのです。

ぴたりと切断しないと、次のクライアントにある意味万全で臨むことができないという事態も生じえます。それは次のクライアントに対して申し訳ないことをすることになります。このクライアントには利益になるかもしれませんが、次のクライアントに対しては失礼なことをしていることにもなりますし。それでは一セッションいくらで、と契約した次のクライアントにしてみれば「契約違反」という誹りを受けても仕方ありません。

この時の伝え方もいろんな工夫があり得ます。ワタクシの場合は先に述べた通りです。クライアントのハナシが盛り上がっているところかもしれません。ですが、後述するように治療構造を守ることは、精神分析的心理療法ではとても大切なことです。ですからほぼほぼピタリと切断するようにしています。しかもハナシを遮ったという印象を与えないように。それがどんな風か、気になる方はワタクシのクライアントになっていただくのが一番早く知れることになるかもしれません。営業してますね。

若い時は、クライアントのハナシを中断するようで、この時間が近づいてくるのが苦手でした。しかし治療構造論的観点からすれば、切断することにとても重要な意味があることに得心してからは、あっさりとやれるようになったところですね。

架空のセッション（切断の辺り編）

そいでですね〜。やっぱりこれは限界なんだな〜と思いまして。大変なんです。重ね重ね言ってまいりましたが、やはり分離の問題ってことかな〜とは思います（そろそろ切断だけど）。「そろそろ分離の時間、ですね〜」あ（卓上の時計を見て）そうだな〜。確かに、そうです。分離の問題について、ここでもやっちゃってるってセンセイのご指摘、その通りですね……「では、来週もお会いできますか？」ハイ（スマホに何かを入力された）。「お気をつけて」はい。また、来週に。

（ここで書いた内容とは関係ありませんが、今、餃子のテムジン（本店）で、店員さんに二杯目の焼酎をお湯割りで頼んだところです。餃子屋さんでPC叩いてていいのだろうか？　女将に「スタバでPC開いてたら恰好いいけど、テムジンでもPC叩いててもヨイかと思いまーす！」と伝えたところ、激しく同意してもらえました。）

問いを立て、治療的退行へ

セッションが積み重なっていきますと、やがて退行がはじまります。退行とは子ども返りのことですが、寝椅子に横たわり自由連想を行っていくというのは、人為的にそれを起こさせるセッティングというわけですね。治療的退行といわれるものが進んでいくわけです。もちろんクライアントは、面接室の外では大人として社会生活と日常生活を送っておられます。ですからこの治療的退行は、クライアントのこころの中に在る子どものこころの部分を活性化していくような感じで生じていくことになります。さて、どのようなことがどのように起こるのでしょうか。

精神分析では、後述する反復強迫として繰り返していることをターゲットにしています。頭ではわかっているのだけれども、ついいつもそれをやっちゃう、これまで何度も、そしてここでもあそこでもというのが反復強迫です。自分の利益にはならないから、出来ることならやめたいという反復強迫です。

精神分析では、その反復について「それはいつからでしょうか」という問いを立てていきます。そこでは、ご自分の歴史を振り返っていかれることになります。次第次第に、子どもの頃の思い出を語られることが増えていきます。思い出とともに、その頃に体験していた心持ちも思い出されるようになるというのが、精神分析の仕組みの一つだともいえます。

「いつ頃からでしょうか？・」、「誰と何がありましたか？・」、「どんなお子さんでしたか？・」と精神分析家は問いを立て、問いかけていきます。これらは退行促進的な問いの立て方であろうと思います。過去へ過去へと向かおうとするわけです。そしてそこで起こったことを明確にしていきます。

架空のセッション（問いを立てる編）

「どうぞ」んー。自分でも考えることがあって、やはり。どうしようもないと思えてくるんです。でもこればかりはしょうがないじゃないかと。アレ、です。元首相の事件、宗教っていうのには、信用のおけないところがあってですね。大体いつも、そういうニュースが目に付いてくるんです、私って。「どんなことがありましたか？」友達の親が霊感商法に引っかかったという話を聞いてから、なんだか怖くて。「いつ頃からでしょう」小学校の頃だっけ。そういえば、小学校の高学年頃には、いわゆる聖書にも関心があって……ほら、うちは日本神道だったでしょう。祖母から近所のお宮さんによく連れて行ってもらってたことがあったから。「ほう」そんなこんなで、幼いころから身近に宗教というものがあったから。宗教はどうあるべきかっていうことには、それなりの考えがある。「それは、どのような」いやいや、何事かを信じるわけですよ、人は。だから、信じて貰えたってことに責任を持たなくてはならないハズなんです。だからねー、今回報道されているアレに関しては、我慢ならんわけです。「それは、なぜでしょうね？」やはり、お金が絡んでいるということでしょうかね〜。対価を得たら、何事かをして差し上げるっていうのがビジネスではないかなー。「宗教もビジネスですか？」そう思いますよ〜ある意味では。「どんな意味ですか？」それで食べてる訳じゃないですか。それは商売、ということと同じ仕組みですかね。（信仰する人と信仰されるもの、また宗教に関わる自らの経験からすると、違和感を覚える。そこで）「商売と同じ、ですか？」そう思いますよ〜。（言い切られた感が生じて、また違和感。おっとこれはネガティブな情緒が転移されている可能性がある、と踏んで）「このセラピーでも、お金を頂いていますね。単なる商売に過ぎないと思っておられる面があるのかもしれませんね」（沈黙）

アセスメントと見立て

これらの問いかけは、「～ではないだろうか」あるいは「～かもしれない」という仮説を基に行っています。精神分析家はこの仮説を、根拠なく持っているわけではありません。というのも正式にクライアントと契約を取り結ぶ前には、アセスメント面接を行っているからです。

このアセスメント面接では、主訴として困っていること、原家族の情報や家族背景などとともに、現病歴およびご自分の歴史である成育歴について、ポイントを押さえながら情報収集しているのです。

現在お困りになっていること（だからセラピーに来られている）には、そのクライアントの歴史を含めた背景が反映されていることが多い、と当たり前のように精神分析では考えています。ウクライナの現在に、その歴史や背景が関与しているように、です（ロシアを擁護するわけではない、です）。

別途一部を立てて解説しますが、精神分析はクライアントの語った内容から再構成を行ったり、観察研究などに基づく人間関係についての発達論を持っています。その発達論を地図の一つとして、クライアントの人生という歴史について、あらかじめ確認しておくのです。

特に人間関係で起こっている困りごとは、クライアント独特の人間関係のとり方に起因するものが多いものです。それはセラピストとの間にも、すなわちヒア&ナウにも転移してきます。

架空の事例（アセスメントはこのように行う編）

事例：四十代男性、公的機関に勤めている。

原家族：父、母、弟の四人家族。

成育歴：公務員の父、専業主婦の母の下に待望の長男として出生。大切に育てられる。父も母も最初の子どもなので、期待も高い反面、試行錯誤で育てられたとのことだった。幼いころからたくさんの習い事をさせてもらえたものの、本人から望んだものはなかったという。小学校でも低学年から塾へと通い、期待された通りに私立中学を受験するが失敗した。取り立てた反抗期は自覚がなく、ヨイ子で通してきたともいう。中高と部活動をすることもなく、一流大学への合格を目指して勉強をしてきた。しかしながら、大学受験にはことごとく失敗し、一年間の浪人をしたものの、結局のところは「あんなの大学じゃない」と両親に言われ続けてきた大学に何とか滑り込んだ。大学は満期まで在籍して、何とか卒業する。就職は、親のコネにて公的機関へと就職した。

現家族：妻、小六と中三の男児。子育ては基本的に妻任せだが、二人の息子の反抗的な態度に悩まされてる。さらに、妻からは最近は、「万年ヒラだし」と疎んじられているとのこと。奮起一番「イクメンに！」と思わなくもないが、「今さらな～」と後ろ向きな様子。

主訴：「自分を変えたい」四十代に入り、後から来た後輩にも職責を追い抜かれてしまっている。身体的にも衰え始めたのを感じる。日々の生活に充実感が得られず、これといった趣味もないとのこと。

インテーク（初回）面接にて以上の情報が得られ、さらに二回アセスメント面接を行ったところ、次のようなことが分かった。

・出生以来、親の期待に添おうとして生きてきたこと。自分で何かをしたいと願ってそうすることはなかった

・何とか大学に入学したとき、それまでは強く感じ続けていたその期待が薄れ、むしろ弟である次男に対し

て期待が強くなったと感じ、さみしくもあり、うらやましくも感じたものの、「やっと解放された」とも感じたこと。そしてそれ以来無気力なまま人生を送ってきたこと
・仕事では、言われたことは「給料分は」とそつなくこなすものの、それ以上のことはしたくないのでしないことにしているとも言う。一度、「人生逆転を」という気分にもなって、誘われた投資話にのったものの、勉強不足で失敗し、それ以来さらなる無気力に陥っていること、等々

これらの情報を伺ったうえで、次のように前置きしてアセスメントの結果をお伝えした。すなわち「ここで始めようとしているセラピーが一発逆転ということにはならないでしょう。それでもいいですか？　場合によってはかえって重たい気持ちになることにもなるかもしれませんし。週に一回程度のこのセラピーにも来たくなることもあるかもしれません」と念を押したのである。

幸い精神分析には関心はあり、一般書くらいのレベルの本は結構読んでおられるとのことだった。アセスメントの結果としては、以下のことを伝えた。

・親の期待に応えようとしてきた人生の前半であることから、親との関係の中で無理をしたりして発達上の何らかのこじれや停滞をそのままにして、これまでは過ごしてこられたようであること
・あたかも、大学入学以降は「息切れした」かのような状態であること

彼は「息切れか〜」と答え、「そういえば、大学入学してからは無気力になっちゃって、面白いと思えることも特になかったですね〜」と振り返られ、そのセッションは始まっていった。とさ。

分析家の構え

精神分析家は、語りを聴きながら自らのこころをその語りに寄り添わせていくのです。

西園先生は、若いワタクシのつっかえもっかえしたり、呻吟したり、だらだらとしたりすることもある連想を、静かに黙って聴いてくださいました。時折、精神分析家として言語的解釈を行われるのですが、アレとアレは、一生忘れられないほどにこころが揺さぶられたことを思い出します。

こころが解放に向けて動き出そうとする、まさにその時に、というタイミングで刺さりました。それくらいにワタクシのこころのうごめきに寄り添っていただいていたのでしょう。

私も臨床家として、先生に倣い、そのようにしてクライアントのこころを聴いています。

連想を聴く分析家は、クライアントのこころの動きに、グッと同一化もしていますので、そうすると同じような心持ちとなっていきますね。これが共感という営みです。共感しすぎてもよくないこともありますので、ちょうどよい治療的な距離を保ちながら、です。

寄り添うというのがどんな感じかといいますと、以下のような感じです。

福岡市天神を目指して、都市高速を大宰府にある料金所から入って運転を進めていきますと、次第に丁度よい感じのスピードで走っている車の後ろに着きます（ベンツなどの高級車で、ブレーキランプを押した様子がないのに、一定のスピードを保っている、でナンバープレートは「・・・1」だったり、なぜか「・・・2」だったり。決して「1173」とか「・・55」ではない。という設定にしましょうか）。

スピードが丁度よいので、ピタリと付いていく。程よい車間距離を置きながらです。なぜだかはわかりませんが、車間距離は変わらずに、ついていく。程よく距離は開けておりますので、途中別の車が入ってくることもありますが、見えておりますので付いていきます。そんな感じで精神分析的心理療法家は、クライアントの自由連想についていきます。

遮ることもナイ、クライアント主体の語りです。

反復強迫について

我々はみな、完ぺきに成長・発達しているわけではありません。

心身の成長・発達には、その人の人生の歴史の中にところどころにやり残していたり、滞っていたりする部分があると精神分析は考えます。あらゆる建築物がそうであるように、人生の基礎部分をなす乳幼児期の成長・発達は特に重要です。この世に生まれた後の、人生の基礎工事を行う時期です。生まれて初めて向かい合う色々なことを、できるだけ適正にこなしていかなくてはなりません。家庭や地域、そして保育園や幼稚園等、子どもに関しては一致してそうなるようにと願いますね。

とはいえ、この節の冒頭に述べたように、完璧にはそういくものではありません。精神分析が心的外傷と呼ぶもの、に見舞われる可能性もあります。また全く安全・安心な無菌室のようなところで育っていくわけでもありません。ご家庭ごとに文化も違いますし、一人ひとりの子どもの気質や経験値も違います。

さて、読者のみなさま方。ご自分の来し方を振り返ってみてください。何か、自分には頭では「イカン、イカン」とわかっていながらも、人生上つい繰り返しているあれやこれやはありませんか？　この場所で、というだけではなく、あそこでもここでも、という感じで。それを精神分析では、「頭ではわかっていながらも、つい」という意味で、そして繰り返しているという意味で、反復強迫と呼んでいます。

例えばワタクシには、なぜだか入試には弱いという繰り返しがありました。大学受験で一度、修士課程の入試で一度、博士後期課程の進学で一度失敗しています。まあ、いろんな事情があるのですが、入試に弱いという繰り返しです。頭では「準備万端に」とその都度思ってはいるのですが、どこかよろしくないという反復強迫があるということになります。「これではいかん!」と当然思いましたので、臨床心理士試験（第一回生です）は準備万端整えまして、無事合格し、臨床心理士の一員として迎えていただきました。

またこれは恩師の北山修先生がふとワタクシに投げた言葉ですが、「お前は断らなんな～」というものがあります。これも振り返ってみれば、北山先生との間だけではなく、あちこちで繰り返しておりました。断ればよかったと今なら思いますし、今ならば断わるものもありました。

例えば、大学受験を前にした高校三年生の時期の生徒会長。見事に受験に失敗しました。ついでは公認心理師という国家資格をめぐって、臨床心理士たちの意見が真っ二つに割れていた時期の日本精神分析学会の、なんと臨床心理委員会の委員長です。断れずに委員長になりました。ものすごく面倒くさい意見の違いがありました。その違いの間に入って、学会としての態度をとりまとめていったのです。他所の学会が学会としてはなんの対応もしないのに憤りを覚えたのか、何と年次大会で大会シンポジウムまで開いてしまいました。今ならやりません。まあ、やったからこそ得たものもあります。例えば断る、という覚悟を持つことでしょうか（この学会でのことを書いたのを読んでくださったファーストリーダーの先生が、「大丈夫でしょうか?」とご心配頂いたところです。ご安心ください。意見の食い違いがあったのは事実ですし、そのことから目をそらす訳には参りません。それが精神分析というものかと思いますし、ワタクシはどちらの側にも加担することなく、まさに間に入り、両方の意見が食い違っていることを目の当たりにし、確か学会の年次総会でもその件を報告したハズですので）。

「それはいつごろからでしょう?」とその起源を精神分析家とともに探っていきますと、発達上のやり残しや滞り、そして心的外傷の体験といったものにたどり着くのです。まあワタクシの上述した反復強迫の起源は、アレとソレのあたりですが、それはさておきということにさせてくださいね。

精神分析家という専門家とともに、というところがミソでしょうか。今ここでの意識、からは忘れ去られ、無意識の領域に追いやられていた、自分の発達という歴史上の出来事が少しずつ、想起されていくのです。何しろいまだに反復強迫されていることの起源なわけですから、たいていインパクトがある、強烈な体験が無意識の領域にあるものです。強烈でインパクトがあったからこそ、忘れ去られ無意識に追いやられているともいえますね。

無意識について

我々は忘れる生き物です。

全てのことを、記憶として意識し続けることはできません。ですから適宜忘れなくてはなりません。そうしないと新たに何事かを体験し、新しいことを楽しむことに開かれていきません。PC上で書いているこの文章も、適宜USBメモリに収納しないと、新しい別の文章も書けませんし、ユーチューブも見ることができません。忘れたいことを忘れたいと願い、実際にそうなっていきますね。であるので失恋からは立ち直り、受験の失敗から這い上がって予備校にも通うのです。認知心理学的には、必要なことだけを短期記憶からピックアップして長期記憶へと転送し、適宜思い出しては利用するということになります。

しかし忘れたいと願うことには、思い出したくないという力も働きます。常に意識からは遠ざけたいとする力が働くのです。そのために、やがては長期記憶のどこにあるのかさえ探索できないほどに、その記憶は遠ざけられていくことになります。そして意識にはのぼらなくなっていくのです。すなわち無意識として我々のこころの一領域に形成されることになるのです。産業廃棄物が次第に山となっていくように、です。

東日本大震災以来、PTSD（Post-traumatic Stress Disorder：心的外傷後ストレス障害）や心的外傷（トラウマ）といった言葉が人口に膾炙するようにもなりました。人はこころに傷を負った出来事やその記憶は、特に忘れたいものです。我々が人生という歴史を刻み、今ここに在ると生きながらえてきたその歴史を振り返ってみたときに、「思いのままの人生であった」いえる人はほぼいないでしょう。

何度も繰り返している、そしてあちらこちらで繰り返している反復強迫について、精神分析では「それはいつからでしょうか？」と問いを立て、探っていこうとします。忘れ去られた無意識の中に埋もれる出来事を誘い出し、分析家という専門家とともにその出来事を検分していく営みであるといえるでしょう。何が原因で何が起こり、そこでどのような結果がもたらされたのか、そしてそれが反復強迫としてどのようにクライアントに影響を及ぼしているのかを探っていくのです。

不安というものをめぐって

人は不安にかられると、柳の木が幽霊にさえ見えることがあります。このことを軸にして、いくつかのことを考えてみたいと思います。

まず、人は錯覚する存在だということです。必ずしもありのままに周囲の人やモノ、コトを受け取っているとは限りません。精神分析という営みを続けている中では、むしろ見たいようにしか見ていない、聞きたいようにしか聞いていないのではないかと思えたりすることがあります。あるいは見たいものしか見えてこない、聞きたいことしか聞こえていないとも。

精神分析家の藤山直樹先生のエッセイには、先生のオフィスに来訪するようになってしばらく経った時点でとあるクライアントから、「あんなところに、あんな絵がかけてあったんですか」（それまでは見えていなかったらしい）と言われたというようなエピソードが記載されています。同じように私も自分のオフィスにズーと置いてあったハズにもかかわらず「あんなところにあんなにたくさんガンプラがある、だなんて！」と驚かれたことがあります。

不安だったり緊張する中で、人は錯覚するのです。

心理臨床の現場を離れても、ハロー効果を始めとする認知バイアスについての研究もあります。人は、周囲の世界を何らかのバイアスを受けつつ認識しているというのです。

また、見たいように見ている・認識しているとしたら、それは見たくないものは見ていない・聞きたくないことは聞いていない・意味がつかめないことは認識していないのかもしれません。

だとすると、そもそも人には盲点があるともいえるかもしれませんね。

そういえば、大学での仕事をしていた時分。保育に関する授業の中で、アクティブラーニングとして保育動画をクラス全員に視聴させて記録を取らせ、協働学習として四～五人のグループを作って報告させ合っておりました。

毎回「見えた！」「聞こえた！」と思って、各自記録を取ったはいいものの、メンバー全員が同じ記録であることが、マズない。ということは、それぞれの学生たちは見たいようにしか見ていない、聞きたいようにしか聞いてないということが明らかになります。「ということは、見えてなかったこと、聞こえてなかったことは、キミたちの盲点だと言える！」とか言っちゃったりしてました。

＊「盲点シート」なるものを準備しておいて、「保育にあたっては、盲点があってはイカン！　何しろ命をお預かりしているのだから」とせっせと各自の盲点だったことを書きこませたりしておりました。

精神分析に話を戻しますね。

不安との関係で、ものが見えたり見えなかったり。あるいは見たいようにしか見えていなかったり、認識できなかったり。元気いっぱいの若い学生さんにだってある盲点ですから、困りごとが起こって来談されるクライアントならばなおさらです。

アメリカで心理療法として精神分析が広まる中で、こんなことも起こりました。

クライアントのハナシにグイっと耳を傾けていきますと、ご家族の様子が分かってきたり、お話の内容が段々と過去にさかのぼっていったり、現在や過去の家族関係や友人関係などが二人の間で「明らかになって」いきます。困りごとがあって、話を聴くという専門家がいて、話をしに行っているわけですから、思いのたけを吐き出すように語られた方もおられたことかと思います。それですっきりする、「精神分析っていいなあ」というだけではことが終わらなかったのです。

例えば、ある時までは二人の間では「とても良い関係をお母さんとの間で、育まれていたんですね（あるいはまったくその逆も然り）」と共有されていた母親との関係が、またある時期にまで面接が進むとがらりと印象が変わってしまい、まるで真逆なものとして共有されるようになったりすることがあるのです。

＊個人的には、これを記憶のアップデートと呼んでおります。盲点が少しずつ減っていくのかもしれませんね。

ですから面接の経過のある時点で、面接室の中で共有されている「現実」に基づいて、面接室の外での、実際の現実的なことに働きかけることは控えた方がいいでしょう。当時のアメリカでは心理療法家によっては、母親を呼び出し厳しく指導するようなヒトもいたと聞いています（現在では、これは二重関係にもなりますし、やりません。本人とのセラピストとしての関係、と母親とのアドバイザーとしての関係です。「呼び出して厳しく」ということも心理療法とは言えません）。

困り感もないのに呼び出されて厳しく指導されたら、ただでさえ人はお怒りになることでしょう。そのような類のトラブルが少なからずあったようです。また、子どもとの関係に難しさを感じて、子どもが現在会っているというセラピストに自分も会い、アドバイスをもとめようとした際に、子どもとの関係をむやみやたらと大絶賛されても困るでしょう。

二重関係の危なさも含めて精神分析には身に沁みました。そこで精神分析では、さまざまな議論を経て次のように考えるようになったのです。あらためて書きますと、面接室でクライアントとの間で「明らかになり共有された」ことは、あくまでもそのクライアントとセラピストとの間でだけ共有されている、カッコつきの「現実」に過ぎない可能性があるということです。

精神分析ではこれを、面接室外の事実や現実とは区別して、心的現実（あるいは心的事実）として認識していくこととなりました。クライアントが嘘をついているかもしれない、と認識しているわけではありませんよ。あくまでもその時点でそのクライアントに見えているのは、そのような世界なのだという肯定が前提となっている認識の仕方です。面接室という特別な場所で、それが過去や現在の実際の事実かどうかは、一旦留保しながらも耳を傾けつつ、言葉を受け取っていくのです。その人には、今世界がどのように見えているのか、心的現実はいかなるものかについて寄り添うことなしには、共感する——されるという生産的な関係は始まらないとも言えるでしょう。

心的現実と外的現実とは必ず区別しながら、話を伺っていく。

そうすることが一般的になっていきました。

クライアントによっては、セラピーを続けていく中で、その区別がつかなくなる方がいることもわかってきました。時としては「これから敵を討ちにいく！」というような方もいます。「あんなことがあったから、今から死ぬ！」というような方もいるのです。そこでアメリカでは、アセスメントの過程で「そのようなことになりそうかどうか」をしっかりと見極めるということが鉄則となっていきました。見極めたうえで、精神分析をお引き受けするかどうかを見立てることにもなりました。

それでは精神分析家ってやつは、「そのようなことになりそうな」人は、お引き受けしないのか？　困っておられるのに？　見放すのか？　人として、それはそれでどうなのよ！　ということになりますね。

A‐Tスプリットについて

そうではありません。

必要であれば投薬、必要であれば入院ということが判断でき、そうすることができるように医療の中に位置づけるということとなりました。すなわち、管理医についてもらい、自傷他害を始めとして精神分析が進んでいくからこそ生じてしまう危ないことが起こらないようにと管理してもらうというスタイルが定着していったのです。まあ、当たり前と言えば当たり前ですね。現代日本でも一般的なスタイルです。

ワタクシもフリーランスで活動していますが、必要な方には腕のよい精神科の管理医と組んで仕事をしています。もちろん腕の良い精神科医師から、この人には精神分析が有効だろうと、精神分析の依頼を受けることもあります。業界ではこのセラピーを担当する専門家（therapist）と、精神科医という立場からクライアントの生活全般について危険が起こらないようにと管理する専門家（administrator）とがタッグを組んで、クライアントが元気になっていくスタイルのことをA‐Tスプリットと呼んでいます。

いろんな経緯を経て、このスプリットという言葉が用いられるようになったのは、分業という以上に分割とでも言ってしまった方がよいくらいにお互いに任せきりとするくらいの態度で、それぞれがクライアントに必要なことを提供していこうとすることが最もクライアントの利益となることが経験的に実感されていったという事情もあります。

「死にたいくらいにツライ」というクライアントや「ぶっ殺してやりたいくらいに腹立たしくてハナシを聴いてもらいたい」というクライアントとは、やはりその「死にたい」や「ぶっ殺してやりたい」に耳を傾けるところから始めるしかありません。耳を傾けることで、その思いをさらに深く聴いていこうとするのです。モチロン先に述べたようなアセスメントは行っており、実際にそうなりそうなクライアントには、適切な精神科医に管理医として連携するようにしています。

その時には、管理医と速やかに連絡を取り合います。場合によっては管理医から、「しばらく入院して頂きます（ので、セラピーはお休み）」と連絡を頂くこともあります。また、悪性の退行ということ、すなわちあれよあれよという間に「やっちゃった」が起こらないようにするスキルも身につけなければなりません。

退行というのは、子ども返りのことを指します。本書のあちらこちらで述べておりますように、精神分析というのは退行促進的であり、我々のこころの中の子どもの部分を刺激する作用があります。とはいえ、成人として社会生活や経済活動、日常生活も送っていますから、そちらの方面では成人としての判断や言動を維持していかなくてはなりません。すなわち、いわゆる自我機能が低下することのないように配慮することが必要です。ところが自我機能そのものが脆弱なクライアントの場合、時として治療が深化するような局面では、入院での生活管理を含めた必要な配慮を欠いたために、ググっと退行が進み、成人であればありえないような判断や言動を行うことがあるのです。これを指して悪性の退行と呼びます。

ですから、業界では初心者マークがついている間は、いきなりそのようなクライアントはお引き受けしないことが不文律の一つですかね。まあ、ミュージシャンと同じで、デビューしたてでは大きなホールは任せて貰えないし、イベンターから声がかかることもありません。

不安についてさらに

さらに人のこころに生じる不安というものについて語らせていただきたいと思います。

不安、と一言で言える訳もないくらいに、人が体験する不安というものは多様です。一人ひとりにその人ならではの不安というものがありますし、同じ人物であったとしても午前中に体験していた不安と午後夕方近くになって体験している不安は違うことがあります。業界ではよく知られていることですが、うつ状態の方は「日内変動」といって一日の中の時間帯によって不安症状が軽くなられることもあります。

もちろんその人の人生上の経験値や、それまでに培った対処能力に応じて、不安の質も量も違うでしょう。例えば子どもと大人。子どもであれば「初めてのお使いをする」だけでも不安でしょうし、テレビ番組にもなってしまうくらいに喜怒哀楽してしまうでしょう。大人ではありえません。とはいえ、大人でも経験のないことへの挑戦といった事態に対しては、不安はつきものです。ワタクシなんてのも農業を始めるにあたり、八月にニンニクの作付けすることを考えるだけでも、微妙な不安が動いてしまってネットで検索をかけたりしています。農業の専門家にしたら、「ナン、それ！　大丈夫やケン、さっさとやりんしゃい！」ですが……。

我々精神分析的心理療法家は、困り感をもってお出でになられるクライアントのお話から、困り感のテーマとなっている「ファンタジー」の背後にあるのが精神病水準の不安なのか、神経症水準の不安なのかとアセスメントしようとします。この二つの違いは、「幽霊に違いない！」という確信を持つほどか、あるいは「幽霊に見えたけど、やはり柳だった」と修正可能な範囲だったというくらいの違いです。前者の場合はさらに、修正不能でもあるでしょうか。

「困っている」とお出でになられたクライアント（とりあえずは）のお話のテーマとなっていることに精神病水準の匂いはしないかどうか見立てを行うのです。「幽霊に違いない！」という確信を持つほどであるとしたら、アナライザブル（分析可能）かどうかを見極めることになります。精神分析という心理療法の枠組みで、話したいことを語って頂くことでお役に立てるのかどうか、判断しなくてはなりません。

後述する転移という現象が、自分という精神分析的心理療法家との人間関係に起こった時に耐えられるのかどうかも、判断するのです。

精神病的な不安について、もっと

一言で精神病的不安と書いてみてもさまざまなものがあります。例えば「この扉の向こうに何か恐ろしいものがあるに違いない」という不安ですが、書いてみると確かに精神病的な匂いはしますね。そのクライアントはとある事業を成功させ、困り感がもうないからとワタクシとの精神分析的心理療法を終結しました。また、ワタクシは喫煙者なので、「灰皿にたまった吸い殻が目を離した隙に燃え上がるに違いない」という不安があるとしたら、ホラー映画の一場面のようでもありますし、精神病的な不安に思えますね。

このことは次のように書くことができるでしょう。

すなわち我々のこころの中には、多かれ少なかれ「精神病的部分があるのだ」ということです。これは精神分析の業界に多大なる貢献をしたウィルフレッド・ビオン（Wilfred R. Bion, 1897-1979）という精神分析家が述べたことです。若い頃、最初にこのことをなんかの文献に書いてあるのを目撃した折には、「そんなことあるかい？」と、遠ざけてしまいたくなりました。すでに述べたネガティブ・ケイパビリティも含めて、ビオンという精神分析家は業界に関しての多くの核心的な言説が多いのですが、その出版物にはとても謎が多くて、原文で読んでも?? という事態でもあったので。

しかしその後三十余年を、精神分析的心理療法家として臨床を続けてきた者としては、「そうだよなー」と思うようになっています。こころの中で、精神病的部分がどれくらいの領域を占めているのか次第だとも思いますし、当該の人物の生活にとってどれくらいの負担になっているのか次第であるとも思います。こころの中に境界線（バウンダリーと言います）が引けているかということでもあるかと思っています。

例えば日本人に多いとされる強迫観念というものがあります。「鍵、閉めたっけ？」と気になって何度も確認するという確認強迫を体験されている方もいるかもしれません。一言で強迫観念といっても、精神病水準の不安に基づくものから、「困っているんですよ〜」とクライアントとして我々の下にお出でになられる強迫神経症と判断されるような神経症水準の不安、また前述したような「日本人ならでは」というような水準のもので、むしろその強迫的なところが幸いして研究者として成功する水準の方までおられるかと考えています。

カギを閉めたのだという記憶はあるのだし、今まさにそうしたばかりなので「カギ閉めたっけ？」というのは、事実とは異なることで不安になっている点で精神病水準の不安です。こころの中でその不安と距離を取れず、こころ全体に侵入し、こころを覆いつくしてしまうとしたら大変なことになるでしょう。すなわちこころの中でその精神病水準の不安との間に境界線を引けず、バウンダリーを作ることができずに占領されてしまうとしたら大変だ、ということです。

バウンダリーがなく、こころがその精神病水準の不安に占拠されてしまうとしたら大変なことになりますね。ドアから離れることができなくなることでしょうし、他のことは考えられなくなるかもしれません。予定していた外出もままならず、必要な買い物もできなくなるかもしれません。会いたいと約束していた人にも迷惑をかけます。歯医者にも、抗原検査にも行けません。はた目には「コロナが心配なのだな」とみられてしまうかもしれませんけど。

大抵の場合は、そのような精神病水準の不安はあったとしても、こころの中に境界線を持っておられますので、こころ全体が占拠されてしまうようなことは起こりません。人は成長・発達の中で、こころの中にここでいうバウンダリーを確立して現在に至るという訳です。やや強迫的な水準の人であっても、何度かカチャッと閉まっていることを確認したら、「俺って強迫的だよな〜」とか思いながらお出かけできることかと思います。ちなみに精神分析家には、強迫的な方が多いように思います。何しろ、強迫的なまでにと言いたくなるくらいクライアントの話に耳を傾ける職業ですから。ま、「なぜに自分はこのように強迫的なのだろう？」と問いを立て、自己分析していくしかありませんね。

（と、灰皿のハナシを書いてここまですでに数本のタバコが吸い殻になりました。そうやって生産活動をすることが出来るくらいには、ワタクシにはバウンダリーがある、ということでしょうか。が、しかし吸い殻の山が発火して燃え出すというのは、何回書いても精神病水準の不安ですね。火は一旦消すと、もう火ではなくなるという物理的法則に反しています。）

後述する「遊ぶこと」にも通じますが、「空を飛びたい」という思いも物理的法則に反する願いですし、我々は自分の精神病的部分の不安や思いとバウンダリーを保ちつつ、日常生活や社会生活を楽しんでもいるということができそうです。

「空を飛ぶ？　物理的法則に則ってないし〜バカじゃないの！」と一刀両断に切り捨てられてしまっていたとしたら、「熱中症にならないように、夏を涼しく？　夏は自然界の摂理として暑いんだから〜バカじゃないの」で済まされてしまっていたとしたら？　このクソ暑い最中に、原稿を書いてもいないでしょうし、秋口に母を連れて北海道に行くという計画（モチロン飛行機で）を旅行会社と契約することもなかったでしょう。

デジタルネイティブの不安についても少々

生まれた時からもうすでにウェブやインターネットが当たり前だった世代のことをデジタルネイティブと呼ぶそうです。我々やその上の世代とは違い、まずはお手紙を差し上げて時候のあいさつなどから始めて、ご都合を問い合わせてハガキなり、「失礼ながら」と頭を下げながら（相手には見えないのにもかかわらず）、お電話で面会の約束の日程調整をさせていただくところからビジネスが始まる（しかも固定電話。直立不動だったりもした）などということはありません、どうも。

いつの間にやら我々もビジネスメールに慣れさせられて、「いきなり、メールとは失礼千万！」という時代でもなくなりつつあります。「メールにて失礼します」的なビジネスメールの定型文もよく共有されています。ワタクシも先ほど、メールにてビジネスのやり取りを行ったところです。昔ならば考えられません。

ですから多少はデジタルネイティブの方々の不安についても、想像をめぐらすことができるかと思います。

ウェブ上に、自分で書いたことって取り消すことができないと言われていますね。酔った勢いであったとしても、読んだ人はそうは思わない。これは怖いことですね。失言や暴言であっても、署名して書いてネット上に上げたら、責任を取らなければならないことになります。署名していなくても、サーバー上には痕跡が残ってしまい、追及されたら捕まえられてしまうというわけです。

ツイッター等で無責任な暴言を浴びせられ、自死した女子プロレスラーのこと辺りから、日本でもそういうことになってきたようです。不確かなことに基づいて何事かを拡散しようものなら、その責任も問われます。うっかり噂話もつぶやけませんんね。誰もが自分の意見を発信できるという意味では、公平な時代になったとは思います。しかしそれに伴う責任も取らねばならない時代となったということです。

書いて、署名して（しなくても）ネット上に上げたら消えない。

若い頃にふざけて書いた文章も、仲間内で見せ合ったりしてワイワイとやっていたことも思い出します。今になって読んでみたら、青臭いし、露骨な初期衝動の数々。ワタクシの時代は紙媒体でしたので、若いころに書いた歌詞もノートで残しております。今、歌えるかというとこっぱずかしくて歌えないようなものまでありますす。ちょっと手直せば、流通できるかもしれないと思うものまであります。モチロン責任をもって、歌えるという意味です。

（とはいえ、恩師で、きたやまおさむというミュージシャンでもある北山先生に音源を送ったら、今の心境を歌ったものと勘違いされて、それはそれは心配されました。誤解は解いておきましたが。）

また、メールでのやり取りだけで、交渉事を進めていますと、段々と頂いたメールに書いてあることを受け取るということだけではなく、書いてはいないことをどちらかと言えばネガティブな方向で想像し始めるものだということに気づきました。すなわち書いてあることの行間に、書いてはいないどちらかというとネガティブなモノや、コトを思いめぐらしたりすることがあるのです。

自分が恐れていることを投影してしまうのです。その時その時で、その内容は異なるかもしれません。不安の程度や質もある、でしょう。さだまさしがいたフォークデュオのグレープには、「追伸」という切ない歌があります。手紙の最後に追伸と書いて、そこに最大限の自分の思いのたけを書き込むという歌です。怖い歌でもあるのですが。まあ、いずれにせよメールでのやり取りだけして、交渉事を進めようとするならば、対面で行うやり取りに比べると、段々と行間に、見たくないものを見てしまうというのは事実かと思います。

逆もありますかね。時々ネットニュースなどで話題になるロマンス詐欺、です。行間に読みたいものだけを見る、というパターンです。ハッピーではありますが、詐欺はいやですね。皆さんお気を付けになられてくださいな。

不安のハナシに戻りますと、ラインでのやり取り、メールでの短いやり取りで話をしている方があります。行間に怖いものを見ていませんか？　勝手に心配させていただいております。既読なのにホッタラカサレているという既読スルー問題もこれではないかと思います。

デジタル・タトゥーといった言葉もあるそうですね。苦しんでおられる方がいるに違いありません。

ネット社会でどう生きていけばよいのか？　リテラシーやこのような問題を含めて、考え続けていかなくてはならないようです。

神経症

精神分析がいうところの神経症とは、どんな状態像を示すのでしょうか。ノーマルなメンタル状態とはどう違うのでしょうか。

かつては精神分裂病と言われた統合失調症やうつ病とは、また本書の最初の方で架空の事例として示したパーソナリティー障害とは、どこがどのように違うのだろうか。

ここで本格的に論じ始めると、相当なことになります。ですから、ワタクシがかつて勤めていた大学の教養科目である「メンタルヘルス論」ぐらいの内容で勘弁して頂くこととしましょう。最後にしっかりと架空の事例にも登場してもらうことにします。

精神分析が最初に対象としたのは神経症の方々です。

統合失調症の方との違いは、統合失調症のような幻覚や、体験の異常、妄想などの陽性症状や自閉といった陰性症状がナイこと（医師の診断は除外診断と言い、「〜がナイ」「〜がナイ」と可能性を消していって診断するそうですので、それに倣います）。

うつ病との違いは、うつ特有の不眠、食欲低下などの身体症状がなく、過剰な自責感、呵責の念、自殺念慮等がナイこと。

「行動の病」と言われるパーソナリティー障害の方との違いは、例えば「頭ではいけないとわかっていてもついやらかしてしまう」という行動化が少ないこと。で、そのことについての悩みを、葛藤としてこころの中に留めて置けること、でしょうか。

エス、自我、超自我という心的装置で考えれば、エスの「Aしたい」という欲望と、超自我の「Aしてはならない」という禁止との間で、自我が葛藤することができる程度の自我機能と自我強度をもって、日々葛藤しながら生きておられる方のことを指すことになります。ということになると、我々一般人は多かれ少なかれ神経症的な毎日を送っているということもできますね。

精神分析が一番最初に取り組んだのは、ヒステリー（日本語でいう「アイツはヒステリックだ！」という時の使い方とは異なります）という現代でならば身体表現性障害や、解離性障害といわれるような人たちです。本書の最初の方に看護学校で使った『系統看護学講座―基礎分野　心理学』の教科書からアンナ・Oに、事例として登場して頂きましたね。

フロイトの症例としては、症例ドラが有名です。「フロイトは精神分析の創始者であるが、治療者としては初心者だった」とは、尊敬するとある精神分析家のお言葉ですが、ドラの方から「辞めます」ということで終わってしまいました。失敗に終わった症例ドラとの治療を通して、フロイトは転移という現代の精神分析でも重要な概念であるものを着想したと言います。

ヒステリーの後にフロイトが注目したのは、強迫神経症です。症例ラットマン（鼠男とも言われています。（「鬼太郎！」のあの人ではありません））が、フロイトの症例としては有名です。ワタクシ個人の感覚としては、精神分析は、神経症の中でもこの強迫神経症の人たちと相性がいいように感じています。ラットマンは何てったって、二十世紀初頭のヨーロッパで法律家を目指して頑張っていた人です。あの時代でソレ、ですから超エリートとも言えますし、彼の症例を紹介してもと思いましたので、架空の事例にご登場いただくことにします。

＊あ。それとジェームズ・ブルックス監督の『恋愛小説家』（一九九八年日本公開）という素敵な映画で、ジャック・ニコルソン演じる主人公の作家はまさに強迫神経症かと思います。映画としても出来が良いので、お時間のある時にご覧になられてはと思います。

強迫神経症の架空の事例（ややパーソナリティー障害寄り）

事例：二十五歳男性会社員B

主訴：頭の中に神仏を呪う言葉が絶えず浮かんできては消えない（強迫観念、すなわち考えたくないのについつい考えてしまう）。また、自分の部屋のドアを閉めたのかどうか確認せずにはいられなくて、しばしば遅刻の原因にもなって困っている（ただし、未治療としましょう）。

経緯等：原家族は両親、兄、妹の5人家族。会社員の父は、いわゆる名家の流れであり、先祖伝来受け継いできた田畑をＪＡ（農協、です）等のサービスを利用しながらも兼業農家として働き詰めだった。主婦である母親に子育ては任せていたものの、言うべきところでは厳しいことをガツンと言う厳格な人であった。実家は代々、とある宗教に帰依しており信仰は篤かった。

そのような父親に対して、兄は思春期に入り激しく反抗し、父親との言い争いになるたびに家を飛び出すようなことになっていた。一方でBは、そのような兄を反面教師としたのか、宗教施設にも「嬉々として」通い、勉強にも熱心に取り組んでいたため、父母には「イイ子」に映っていたという。その後、兄は大学進学を機に家を離れ、都会での就職を決めた後は実家には一切連絡を取らないという状態となってしまった、そうな。

三歳違いのBは、そんな兄を横目で見ながらも、「イイ子」として学校生活を送っていた。しかし第二次性徴が始まり、思春期に入ってから自らの中で立ち現われてきた性欲を持て余すようになった頃、Bは信仰篤かった宗教の教えの言葉を心中で念じて押さえつけることが習いとなっていった。同じ頃から、眠る前には布団の周りを三回周らねばならないという奇妙な習癖が見られるようになっていた。

とはいえ、「イイ子」として学校生活を送り、信仰も深め、朝夕の礼拝も怠らないという生活を続け、無事第一志望の地元大学に進学を決めることができた。

異変が起きたのは、大学生活を送り始めた年のちょうどGWを過ぎたころである。高校までとは違って家庭で生活を送ることが多くなったBの異変に、母親と妹が気づいたのである。「まるで勉強をしない」のである。大学への登校も滞りがちになった。しかし相変わらず信心深い生活を送ってはいた。父親が問いただすものの、「うーん」という曖昧な返事をしただけで、自室にこもって何やらデスメタルというような激しい音楽を聴いて、あろうことかギターまで弾いている。しかも超ヘタクソ。

本人が第一志望として選び入学したのは、薬剤師という職業に就くための大学学部であった。この就職難の時代にあっては人気の資格を伴う職業であるので手堅い！　そして、実は小さいころから病弱だったというBには、かかりつけ医のすぐそばにある薬局の「お姉さん」薬剤師に、思春期以来密かにあこがれの念を抱いていたという。夜な夜なそのお姉さんとのエロティックな秘め事をモウソウしては、「イカン！　イカン!!」と信仰の文言で押さえていたのだった。宗教上の理由から自慰はしてはならず、中学時代以来、時折夢精しては男友達からはからかわれていたという。

大学での勉強は、どうも覚えなくてはならないことが大量にあるらしい。時間割も文系学部に比べればかなり厳しいものだった。朝登校前の時間に、彼の様子を観察してみると、カバンにたくさんの教科書を詰め込み（そんなに、必要なんかい!?）、バスの時間にはまだかなり早いにもかかわらずソワソワしている。「まだ早いよ！」と声をかけたくなる時間なのに家を出ようとする。がしかし、家のドアのカギを閉めたのを確認するためか、出かけてすぐに何度もガチャガチャと鍵がかかっているのかどうかを確認するようなヘンな行動が見られた。数回それを繰り返したのちにやっと、意を決したように踵を返しては出かけていくのだった。

授業はどれもBにとっては興味深いものだった。先生の授業もウマい！　とはいえ、将来の国家試験のために何一つ忘れてはならない事項のハズ（いや。大抵は初年次だから、基礎的なことから学んでいくので、この時点ではそこまで気張らなくてもいいカリキュラム体系になっているんですがね）。他の学生は、入学したばかりでどうものほほんとしているように見える。「ナンとなれば国家試験一番で合格してみせるぞ！」と息巻く中、Bの中にはある不安がもたげるようになっていた。「昨日の講義のアレ何だったけ？」生真面目なBにとって、この？はあってはならないことである。確認、確認！「ああ、ちょっと不確かだ〜、いかん」となったのであった。そうやって、全教科書を抱えて登校する日々が早くも始まってしまった。

薬学部は女子にも人気の学部の一つという。他の理系学部に比べれば、女子の数も多いではないか。Bは四月の半ばまでには、あの「お姉さん」にそっくりな女子学生を見つけてしまった。そこからBのモウソウが再開してしまった。風のうわさに聞く限りはあの「お姉さん」はその後結婚し、薬局を辞めていると聞く。病気になってかかりつけ医に行ってお薬を出してもらわないと会えないわけではなく、なんと同じキャンパス内にそっくりさんが居る！　たちまちBは舞い上がり、刹那的な気分となった。なんとすべて選択科目を彼女と同じものに履修修正届を出してしまった。「これでずっと一緒にいれる！」Bにとってはハッピーだが、イヤー気味悪いですよ。その女子にとって。履修修正期間が過ぎたら自分の選択科目のどの授業に出ても、手に大きなカバンを持ったBが居て、眼を合わせせんとしてニヤニヤしている。あろうことか、休み時間に行くトイレにまでさえ付いてきそうな勢い、なのである。

「ま、こんなんもいるのが社会というもの」と気にしないでおいたところ、当該女子の方には、まるで王子様！という男子がアラワレタ!!という状況に。「あんなん、ほっといて、アタックあるのみ！」と、王子様男子とたちまち恋仲となったのでした。

ある日初めて入った第二学食でラブラブな二人を目撃し、落胆し狼狽したのはB。「大学生だし、あのお方はアパート住まいだし、あんなことやこんなことをしているに違いない」と。いやいや、二人ともとても常識的で大学生に相応しい交際を始めたばかりなんでしたけどね。どこかで聞いたことのある「あんなこと」や「こんなこと」を想像してはムラムラッとするB。「イカン！」と呪文を。選ばれなかったというショックのあまり、勉強も一気に手につかなくなってしまった。しかしそれでも勉強しなくては、覚えなくてはという思いは強い。ムラムラ↓「イカン！　呪文！」↓「授業で習ったアレ忘れてないか？（不安）」↓テキストの確認↓一旦は安堵↓安堵したのでまたムラムラ↓「イカン！」――後略しますが、このようなスパイラルに陥ってしまったのでした。

日夜このスパイラルの中に陥ってしまっていたBがパンクしたのは、GWの明けたころ。大学に行く元気も失い、その後ずるずると休学し、やがては退学となり、最後の方は「何とかしなきゃ」と思い、春休み明けの履修届は再起をかけてしっかりと出したのではありますものの。失意のままに、父親のツテをたどって入った会社勤め（宗教の関係者の会社だそうです）を始めたものの、主訴として書いたようなあってはならない「神仏を呪う言葉」の強迫観念に取りつかれ、相変わらず遅刻を巡って最近は家族まで巻き込んで朝はドタバタ。という日々を送っておられるそうです。

＊学生相談の利用をおススメしたかったです。

恐怖症の事例

「鉄道恐怖」――ジグムント・フロイト（フロイト先生のことです）

フロイト先生が鉄道恐怖症であったことは、よく知られた事実です。

考古学や遺跡などに関心があった先生は、例えばギリシアだなんて場所には行きたくて仕方なかったそうです。ヨーロッパでは鉄道が整備されはじめた状態でしたので、夏休みの間にでも、行こうと思えば行けた時代です。それがまた、なんとフロイト先生は旅行したいにもかかわらず、鉄道の列車に乗って旅行することが不安でたまらないというお方なのでした。

皆さん、あのヨーロッパですよ。ウィーンから発って、列車に乗って旅をする。ステキではないですか。コロナ禍後には、「行ってやるぞ！　待ってろ、アテネ!!」と思ってらっしゃる方もおられましょうし、「ヨーロッパ横断（あるいは縦断）列車の旅」だなんてのは、旅行会社がツアーを組んでいそうでもありますね。旅情たっぷりの汽車の旅、想像するだけでも和みます。ス・テ・キ……。

しかしフロイト先生は、列車に乗って旅するのが不安でたまらなかったのでした。

以下は先日のウェビナーで北山修先生が、フロイト先生ご自身のエディプス・コンプレックスについて講義された内容に、ワタクシなりの解釈を加えて再構成したものです。

フロイト先生は、お父さんが二度目の結婚でもうけた子どもの第一子、長男です。美しいお母さんのことが大好きで、お母さんも第一子でありますので、当然可愛がりますね。しかし蜜月もつかの間、「貧乏人の子だくさん」（と北山先生は仰ってました）とはこのことで、すぐに弟が生まれたのです。『保育所保育指針解説　平成三十年度改訂版』の「保育内容『人間関係』」の個所などを参考にするまでもなく、きょうだい葛藤が生じてしまったといいます。

きょうだい葛藤とはアレ、です。カインとアベルの神話を持ち出すまでもなく、世界中のあらゆる人種や民族で起こると言いますが、長男（フロイト先生）は、次男が生まれてお母さんが次男を養い護っていく様子を見て、強く嫉妬した訳です。「時に、その死を願うほどだった」（北山先生によれば）といいます。ここで、三角関係が生じたわけです。すなわち、お母さん、フロイト先生、次男という三角関係です。「お母さんのお膝は一つ」と言います。それをめぐって何だかんだが生じたのだろうと想像します。

きょうだい葛藤によるものとは言え、三角関係とはおさまりが悪いですね。皆さんにも経験が御有りのことかと思います。で、おそらく多くの方はその三角関係を打破して、パートナーを得ておられることかと思います。で、パートナーが淹れてくれた美味しいスペシャルなコーヒーなり、弾いてくれるピアノでリラックスされたりしておられることかと思います。

ここでフロイト家のきょうだい葛藤に基づく三角関係に、事件が起こったのです。「コノヤロー、お母さんを独占しやがって！」とか思っていたところに、本当に弟が死んでしまったのです。「シンジマエー」とか思っていたら、本当に死んでしまった、という訳です。これはショックですね。疎ましく思ってはいても、兄というものにとって、弟は可愛くもある訳です。それが病気で死んでしまった。これは悲しい。お母さんもお父さんも悲嘆に暮れていたはずでしょう。ここで幼きフロイト先生のこころに起こったのは、自分が嫉妬して「シンジマエー」とまで願ったからではないか、という「ファンタジー」だったそうです。

　これはキッツイ！　ですね〜。何せ、まだ幼いものだから、そういうファンタジーが生じたわけでした。自分が願ったから、弟は死んでしまった、すなわち三角関係ではあったが自分が弟を殺してしまった、という思いでしょうか。何しろまだ幼いのでその罪悪感はいかばかりのモノだったでしょうか。幼いこころにとっては、あまりにも背負いにくい記憶や罪悪感は、やがてフロイト先生の無意識に追いやられ、フロイト先生は後年の自己分析の中でやっと思い出されたのです。

　さらにもう一つ事件！　弟の死からあまり間を置かずに、お父さんが事業に失敗して夜逃げ同然で、家族で逃避行ということがありました。ホント、夜だったそうで、その時に見たどこかの街の明かりが、逃避行の際の不安と共に、前述のファンタジーと結びついたとのことです。詳しい解説は、北山修先生にお譲りしたいと思います。

（なお、先生がきたやまおさむ、としてお出しになられた近著『ハブられても生き残るための深層心理学』（岩波書店、二〇二一年）は、とても読みやすく、分かりやすい本です。ぜひ、ご一読を。）

　フロイト先生は、友人フリースとの間で交わした手紙のやり取りを通して、自己分析を進め、自らのきょうだい葛藤に基づくエディプス・コンプレックスを解消していったと多くの研究者が指摘しております。なんと、フリースとの私的な手紙のやり取りが書簡集として出版されています。ご本人にとってはまさか第三者に読まれるとは思わなかったと思います。しかし、お嬢さんであり、精神分析家でもあったアンナ・フロイトが、「精神分析を研究する上では、不可欠」と判断し、出版にこぎつけたとか。でも、先生イヤだろうな〜と思います。偉い人になるってのも、考え物かもしれませんね。

　とはいえフロイト先生は、その後列車での旅行を楽しまれるようになったとか。ヨカッタですね。メデタシ

メデタシ。ちなみに今さっき、「鉄道恐怖」でググってみたらば、結構多くのサイトがヒットしました。結構、お悩みの方もいるようです。行動療法もアリかもしれませんが、ぜひ精神分析も選択肢の一つとしてお考えいただければ、と思うところです。

＊映画では、「アナライズ・ユー」でロバート・デ・ニーロが演じるマフィアのボスが恐怖症となって、精神分析家の下へと訪れるというものがあります。これもお暇な折にぜひ。

自我、エス、超自我

ここで自我、エス、超自我という言葉について説明させていただきます。

自我だって？　難しそうな哲学のような言葉ではないか？

面倒くさいハナシをしようとするのか？　俺は知らん、ということになりませんように、とです。

ハイ。

育児書などに、乳幼児期のイヤイヤ期を解説する際にその時期の子ども達の状態を「自我が芽生えた」とすることがありますが、その場合に使う自我の意味ではありません。また青年期に自己主張することを青年心理学では、「自我の目覚め」と呼んだりしますがその意味でもありません（ちなみに、自我同一性という時の自我は、この「自我の目覚め」の文脈で使われている言葉です）。

では精神分析で言うところの自我とは？　何でしょうか。またエス、超自我とは何でしょうか。図2でフロイト先生は精神分析学でいう自我、エス、超自我の関係を示しています。

フロイト先生がクライアントの精神分析を実践していく中で、こころにはこれら自我、エス、超自我からなる仕組みがあると考えるようになったのです。「んー、そう考えると自分や他人の言動が理解しやすくなる」と

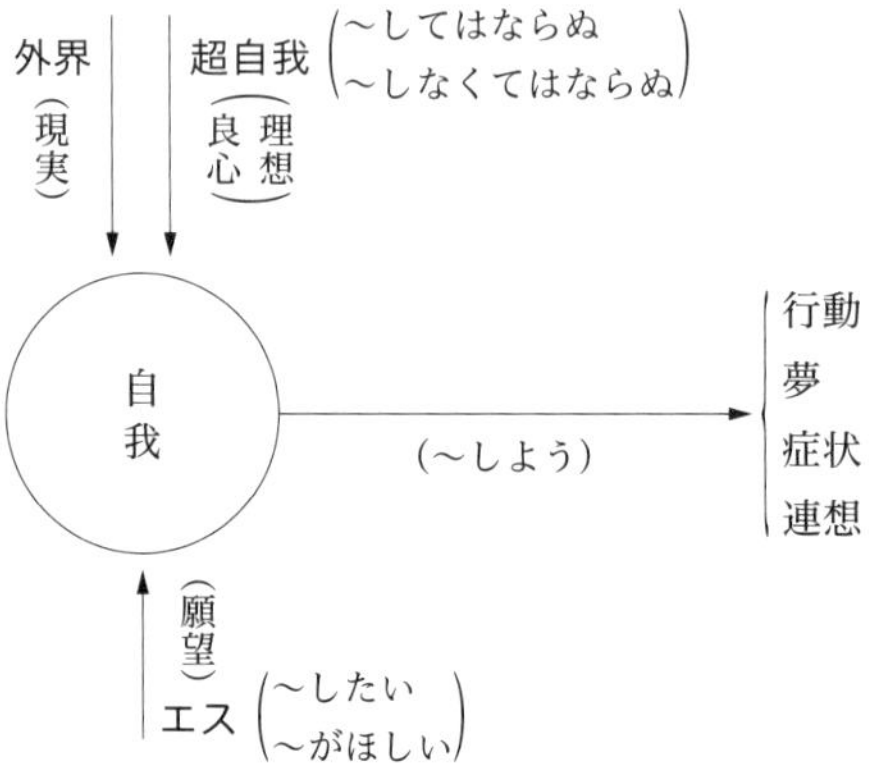

図２　力動論

いうことで、現在でも人の言動を精神分析的に考える時の枠組みとして受け容れられている仕組みです。

自我はドイツ語で言うDas Ichのことです。すなわち「私」ということになりましょうか。昨夜のウェビナーでは、北山修先生も、自我という言葉について触れ、あえて「私」という言葉も用いて説明されていたように思います。英語でならばThe Iですね。エス――esは、すなわち「それ」で英語で言うitです。エスは欲望の源ということになります（スティーヴン・キングの怖ーい小説のタイトル『It』は、このことを踏まえたものかと想像しています）。そして、超自我は自我を監視する役割をするというわけです。

ワタクシがこうやって色々とPCに打ち込んでいっているという行動をサカナとして俎上に乗せ、自我、エス、超自我という言葉を使いながら解説していきましょう。

まず自我（ワタクシ）は、何を書こうかと考えることを始めました。とはいえこころのどこかには、「もう十九時半だから終わりたい」とか「そういえばあのようなことを書いてみたい」とか「窓から目に入る夕焼けを眺めていたい」とか、本当に雑多でバラバラな欲望があるようです。意識をする限りは、ですね。

自我はその中からキーボードのいろんなところを適正にタイピングしながら、文章を紡ぎだす作業を遂行するように、手指をはじめとする身体のあちこちに指令を出していきます。そしてもちろん目を通じて適正に書けているのかどうかもモニターして、タイピングし損ねていれば修正するようにと指示を出しながら、また立ち止まって何を書こうかと考えてもいます。まさに司令塔というわけですね。

超自我はお目付け役。まずは書いてはならないようなことは書いていないかどうか、厳しく見張っています。また日本語規則にも従っているのかどうか、これも見張っているでしょう。おそらく、この文章全体が整うまでは作業を止めてしまわないように、いま耳から入ってくる歌を歌いだしたり、聴きいってしまわないように、意識を画面からそらさぬようにと見張ってもいることかと思います（自我が、ちょっといたずら心を出して、今流れている「you are lonely only」っていい曲だなあと書いてしまえとゴーサインを出しました）。

自動車の運転手が自我、車のエンジンがエス、交通規則や運転マニュアルが超自我と例えてもよいかもしれません。

これはまあ、フロイト先生が考えたこころの仕組みと言えます。

でもなあ。最近の社会的な処罰感情の強さや、「え～そんなんアリ？」と思えるような欲望にまみれた事件のニュース、そしてヤフコメを見たりして人様のご意見も参考にしながら粛々と生活する、我々個人個人の動きにも当てはめて考えることもできそうです。コロナ初期には「自粛警察」だなんてものもありましたし、第六波が収まったら湧いて出たように人がまたわっと出歩いて第七波ってことになっているこの社会（で、これを書いている現時点では、ユーチューブのニュースで「感染者人数をどうしたこうしたら、良いのか」ということが議論されているとの報道アリ、です）。

フロイト先生が考えた人のこころの仕組みというものを、社会全体の動きにも当てはめて考えてみると面白いかなあと考えたところです。

まあ、いずれにせよ慌てず焦らず、きちんと考えて、したいことをする、というバランスが取れた行動ってのが、人にも社会全体にも求められているのでしょうね。

自我機能

我々はバランスよく、社会的にも受け容れられて、それなりの生産性をもった行動を、生まれた時からできるようになっていたわけではありません。アチコチで書いてますけど、生まれ落ちてすぐは自分ファーストが満たされていますから、エスのままに「私は～する」ですね。したいことをしたいときにしたいだけ、する。欲望のままにやりたい放題です。泣いたり喚いたりすれば、周囲のオトナが何とかしてくれます。

やがて「～してはダメ」「～しなさい」と、しつけという押し付けも始まりますし、従わなければ場合によっては叱られたり罰を受けたりもしますので、次第次第にそれが超自我として取り入れられていくのです。また発達のところで詳しく述べることになるエディプス期では、同性の親からのキビシイ禁止が「去勢不安」として課され、これも厳しく超自我に取り入れられていきます。

人によってどう育てられたのか、どう育ってきたのかは違います。ですからやたらと禁欲的な人や、一方で欲望が勝りがちな人もいるでしょう。エスの「～したい」と超自我の「～しなさい」の間に挟まれて「では～しましょう」と決定し、実行していくのが自我というわけです。

フロイト先生がおおまかにこのようにこころの仕組みを考えたのち、自我の能力や機能にも関心が向けられることになりました。おそらくエスの「～したい」を同じような状況であってもうまくやる人とやれない人がいたり、また同じ人であってもメンタルが弱っている時とそうではない時とで、うまくやれるかどうかが違うということが気づかれていったものだと思います。

同じ性能のレースカーがあるとして、また同じグランプリ達成！という目標があるとして、どうでしょう？その車がグランプリを取れるのかどうかは、レーサー次第ですし、レーサーのコンディション次第であるわけですね。すなわち、エスと超自我の間に挟まれている自我の能力次第、機能次第ということになる訳です。

レオポルド・ベラック（Leopold Bellak, 1916-2000）という精神分析家が、この自我機能というものに着目しました。大人として生活していく上での自我の健康さや機能水準といったことに着目したわけです。複数の「～したい」があるとすれば優先順位を、見通しを持ち、あとで納得のいくようにつけていかなくてはならないですし、同時進行でだなんてこともありますし（洗濯しながら、これを書いていたりしますよ）。また複数の「～してはならない」があるとしたら、この場合もどれに優位性を付けるのか判断しなくてはなりません。子どもっぽい正義感ではなく、「今回、この状況では、これには目をつぶる」というような判断です。

精神分析の作法

何がそこでは語られるのだろうか。

クライアントが主体となっていますので、何の制限もありません。

語りたいことを語る。

そして時々分析家から、精神分析的な観点からの解釈が行われる。それは子どもっぽいこころの動きをすることから、成熟した大人として動いていけるように、自立していくため、子どもっぽいこころから自由になり、解放されていくための働きかけです。

解釈、というと何だかな～と思われますでしょ。解釈と日本語で言う時、英文解釈だとか「憲法解釈では」

とかっていう日本語を思い出しますね。それとは違います。精神分析的な解釈というのは、クライアントの自由連想を聴く中で、分析家の中に巻き起こった「それって、こういうことじゃね？」という問いかけです。自分が精神分析的な観点から理解したこころの動きについて、ふさわしい瞬間にふさわしい言葉で伝える、というわけです。しかも何かに縛られているようなクライアントに発する言葉です。だもんで、「それは多分、〜ということだから……と考えたら自由になれるかも」という先人の知恵も含まれています。

例えば怒りで我慢ならない状態のとき、レッド・ツェッペリンの「コミュニケィション・ブレイクダウン」は、ワタクシには染みるでしょう。あるいはジョン・レノンが歌った「アイ・ウオント・ユー♪」なんかもいいかもしれません。ま、人それぞれに、そしてそのタイミングごとに何らかの言葉が響くものだと思います。精神分析家は、クライアントのこころにじっくりと、そして長い時間をかけて寄り添っていきますから、奇跡のようなその一言を、持っていたりすることがあるのです。精神分析家によっては、「解釈は心理的授乳でもあるので、思いつく限りのことをさらさらっと言っている」という立場もあります。

自己開示してもよい範囲で書きますね。ワタクシには西園先生の解釈「それは、高村光太郎の『智恵子抄』のようだね」という解釈は身に沁みました。そうなんですよ。ホントーに身に染みることを、身に染みるそのタイミングで言うというのが精神分析だと言えるかもしれません。この一言で、その後の自己分析のテーマの一つがワタクシのこころの中で起動いたしました。

皆さんにも「これは子どもっぽいし、ホントーの大人であれば、こう言わない、こうしない」ということはありませんか？

精神分析家は、大人、という観点から、クライアントの子どもっぽいところに、「何が起こっているのだろうか」、「どんな仕組みでそのようなことになっているのだろうか」、「何故、そのように感じるのか」「そして、それはいつからなのか」と問いを立てていきます。そんな風に問いを立てるのが、精神分析家という専門家な訳です。

精神分析家は、自分のこころのあちこちをまさぐりながら、「こんなことだろうか」と思いを巡らしながら、です。そして時には「～ということでしょうか」と言葉にしてみたりします。五十分じっくりと。それは、まさに精神分析としか言いようがない営みです。この困り感で、何があったのだろうか？　精神分析学という観点から、理解を整えていこうとする営みを行っていくわけです。

アナライザブルか？　という問い

そして、この困り感に対して精神分析という方法で、お役に立てるのだろうか？　すなわちアナライザブルかどうか、という見立ても必要ですね。この人といま行っている精神分析的心理療法ではお役に立てないこと、も当然語られることの中にはあり得ます。そんな時は管理医の出番！ってなわけです。あるいは、管理医を通してソーシャルワーカーに、ということもあります。近年訪問看護の仕組みがだいぶ整いましたので、それを利用してもらいながら進めることもあります。

「起きられない？」「ならば、ベッドサイドまで行って起こしてさし上げればよい！」という方もいるかもしれませんね。「食生活が乱れてる。入院なんて嫌だし、自宅が一番」ならば、一緒に住まい、食事を提供したり、買い物も一緒にしたりすればよいのでは？と素朴に考えられる方もいるかもしれませんね。

治療共同体みたいなものを構築し、共に生活しながら、治療も行っていくという危険な試みが精神分析の歴史の中で生じたこともあります。かなり危険なことが起こったようです。精神分析の歴史の中では危ないことが起こらないようにと、倫理規定やバウンダリーという概念や、境界侵犯といった概念が形作られて今に至っています。そのような歴史もきちんと検証していく、というのが精神分析学というわけです。

そもそもアナリストが全くお役に立てない方もおります。アセスメントの時点で、アナライザブルであるのかどうかも、分析家は厳しく見立てますね。お役に立てないクライアントとは、契約しません。お役に立てない、と見えたら他の心理療法で、あるいは薬物でと考え始めるでしょう。これは、医療・福祉分野では共有されている考えと、軌を一にしますね。

治療構造について

業界には治療構造という言葉があります。

クライアントにも精神分析家にも、社会生活を送っていく上では、いろいろな事情はあるだろうけれども、精神分析的に考えてみて治療上有効なことだからということで、セッションを持つ曜日、時間を変えることはいたしません。治療が進行する中で様子を見て、週に会う頻度を増やしていったりすることはありますものの、基本的に最初の契約時に決めた曜日と決めた開始時間、セッションの時間、そして場所を変更しないのです。

それはほんと、まことにあたかも構造と言いたくなるくらいに徹底します。人間関係というのは、関係が深まっていく中でいろいろなことが起こってきます。「今週は、会いたくないな」とか「今週は、明日もぜひ会いたい」とか、ですね。もちろん話題となっていることの影響も受けます。「今、続いているこの件、言いたくない。早くセッションを切り上げてもらいたい」とかですね。

子どもさんの場合ですと、「もっと遊びたい！」と退室渋りとか。

そんな時は、子どもが可愛らしいからとつい、「ま、いっかー」と応じたくなったりもしますが、精神分析的な療法家は、そうしません。きっちりと切断する方を選択します。

最初の契約で取り決めたことは変更しません（この件、なぜそうなのかお知りになりたい方は、岩崎徹也ほか編『治療構造論』（岩崎学術出版社、一九九〇年）や、手っ取りばやいものではワタクシのもの、山﨑篤『場や設定の作り方』（「臨床心理学」第十三巻六号、二〇一三年、七七一 - 七七四頁）とかご覧になってください）。

歌にするとしたら、「会いたいときに会えない♪　会いたくなくても会う」というわけですね。この歌は、実際に北山先生が歌詞としておつくりになりました。アマゾンミュージックかスポティファイで「他人のままで」（きたやまおさむ）と検索するとヒットいたします。おそらく。

何やら恋愛の歌でもあるかのようですね。

いや実際、ヒステリーの治療にあたっていた際は、フロイト先生は「転移性恋愛」という現象にだいぶ困れていたようです。論文さえあります。

異性のアナリストが毎週毎週必ず、きっちりと時間をとってしっかり話を聞いてくれる。いつも必ず、ダンディにお洒落を整えてまでって、「もしやこれは……⁉」と、クライアントがフォーリンラブしてしまう現象のことを指します。もちろん、いまだ未熟な若手臨床家が勘違いして二重関係へと転げ落ちていく現象もさします。

それはさておき、ですが、私共はこの治療構造の下、対価を得つつも日常生活も送っています。

これって一カ月でもやってみるとわかりますが、物凄く大変です。ＮＨＫの朝のニュースの顔だなんてのを想像してみてください。何しろ「顔」なので休むわけにはいかない。遅れるわけにもいかないし、穴もあけられない。しかもそれで対価を得ている。すなわち仕事です。

私こと、この年になって始めようとしている仕事に農業というものがあります。これはこれで大変な仕事であることが身に染みてわかってきつつありますが、まさに晴耕雨読だとも思います（今、雨が降っているので合間にこれを書いておりますよ)。やれる時に必要なことをやりたいようにやらねばならないわけですが、精神分析の仕事とは違い、かなり農業者の側に選択権があるように見えます。苗が乾いてしまわないうちに植えるためには、雨が降ってもやることを選択しなくてはならないこともありますが、それを選択するという点で、かなり主体的な営みに見えます。

研修時代のまだ、クライアントが少ない時期でも、治療構造の下に生活していくのは大変でした。

大学院生として、自分の時間割とにらめっこして、そんでもって記録や休憩もと考えて契約をいたします。なので、時間的には余裕をもって契約しているハズなんですが、約束のその時間帯に毎週面接室でお会いすることとっていうのは、相当日常生活を縛ります。

大学院生活ではその生活を送るうえでいろいろなことがある。学位を取るための研究もしている。お世話になっている先生から「今から研究打ち合わせ!」とか、学会関連(当時は各大学院が持ち回りで事務作業・下働きしていた。今ならアカハラ、ですが)で、「~時までにこれお願い」とかされても、「いえ。~時には面接がありますので」と断らなくてはいけない。

また何しろ大学院生という身分だから、論文の研究発表会などヒトヤマ終えたら打ち上げ!だなんてものもまだあった。「行こうぜ!」という同級生に対しても「いや、十八時に面接があるから」と断らなくてはならない。「臨床系、だからなお前は」としたり顔で去っていくその瞬間。颯爽と夜の街に繰り出していく彼らが、なんとうらやましかったことか。

＊臨床系の院生の方、これはあるあるでございましょうね。今があるから将来がある。と昨日の面接で聞いたクライアントの言葉を贈っておきます(許可済み)。

現在は全くのフリーランスでございますので、ヘンな会議や打ち合わせというものはありません。

大学にて職を得ていた折は、「そこはクライアントが」というルールを、学内了承事項としてお認め頂くまでには何年もかかりました。本でも書けばよかったです（なので、今書いております）。さらにさらに、学校としてさまざまな行事が入ってくる時期は、構造として守っているハズのセッションの時間を、クライアントに変更いただかなくてはならない。まあ大体その日程が判明した時点でクライアントにお伝えするわけですが、それを伝えた折のクライアントの恨めしそうな顔といったら、ありませんでした。管理医と組んでやっているようなクライアントで、自殺企図の既往があるような場合には、管理医に「くれぐれもよろしく」とひと手間をいれたりさえしますよ。休みを取った次のセッションのまるまる半分を何らかの修復にかけなければいけないこともあったように思います。

週に何十セッションもっておられながら、大学教員もこなしておられた方もいます。名前を挙げるまでもなく、第六十八回はハイブリッドで開催された日本精神分析学会でご活躍のあの先生やこの先生、というところでしょうか。具体的には、学会のホームページを参照していただければと思います。恩師の北山修先生の時代とは、大学教員の仕事の量が違います。ちゃんとした大学であればあるほど、教員としての仕事の量は膨大です。

もちろんあらゆる組織がそうであるように、無駄な会議もある。

フリーランスの仕事もしながら教員も何とかやれているという実感が持てた、とある夏の午後、ワタクシはこう思いました、「フジヤマナオキ状態じゃん！」と。これは大学の研究室のPCの前で、画面の中に日本私立大学協会だかなんかの研修情報でアクティブ・ラーニングだかなんかの研修プログラムの企画者の中に、なんとあのフジヤマナオキ先生の名前を見たばかりだったからです。それはある種の洞察でもあったわけなので、思わず懇意にメールをいただいたりする編集の方にメールしてしまったことを思い出します。

クライアントの方も必死

クライアントの方も必死です。

治療構造という発想の下、セッションに遅れたりキャンセルがあったりという場合には、必ず我々は話題として取り上げます。

「珍しく～分遅れですね」とか、「急にお休みになられましたが」と、取り上げその意味合いについてともに考えるという営みがなされます。その数分の遅れの中に、クライアントの側の陰性感情（「会いたくねえな、今こいつとは」とか、「あの話題はやだな」とかです）が反映されているだとか、キャンセルの中に治療破壊的な何か（「こんな面倒なことならば辞めてしまいたい」‥皆さんご存じのとおり、ちゃんと何かやろうとするとそれは面倒なこともありますでしょ）が紛れ込んでいることが多いものですから、ね。

それは覚悟していただきます。

とある先輩が分析家を志し、とある訓練分析家のところに通っておられた時期のことです。その先輩は、本格的に週に四回受けておられました。ご一緒させていただいて仕事をしておりました頃、その約束の時間が近まってくると何だか必死な様子が伝わってまいります。医療福祉の分野ですから、やろうと思えば仕事はヤマのようにあるわけです。これを取るかアレにするか考えながらも仕事をする。そしてその業務からいったん離れて分析家の下に通う訳です。場合によっては、分析を終えてまた戻って仕事をするのです。

先輩は、訓練を受けていかれる中で、しっかりと優先順位を付けてやるとか、場合によってはきっちりと断るだとか、そんな人になっていかれました。彼も必死なわけでした。ワタクシも訓練中には、スーパービジョンの先生のマンションのオートロックの玄関のボタンを押す時間を測り、一分前でどうかとか三十秒前で試したりとかして、ドアを開いた先生の顔の表情を観察したりだなんてこともあったり、早めに着いた際の近所のコンビニがありがたかったことなどを思い出したりします。

＊電波時計が有効である、というのが結論です。

もちろん体調管理も重要です。

精神分析的心理療法家として、約束した時間にはその部屋のその椅子にちゃんと座っていなくてはならない。ですからワタクシ、ここ何十年と風邪をひいておりません。

幼少期は、野山を駆け回っていたというワタクシの体質もあるのでしょうが、コロナにもかかっておりません。「明日の～時に」ということが常にこころの中にありますから、それから逆算して今をすごしているようなところもあります。明日は新しいクライアントさんがおりますので、その時間から逆算してここを何時に出発して、あそこであれしてとか、これはここまでにしておこうとか、自然と考えております。そんなアプリがインストールされているかのようです。

はい。ですからワタクシは明日はあの時間には、あそこにおります。戦争でも起こらない限り、ですね。

ついでに我々の職業病について

「精神分析的精神療法家」だなんて名刺を持っているだなんて、「この人は今、私のこころを探り、何らかの分析をしているのではないか？」とか不安になられたり、「その分析結果に基づいて、さっきのアレとか今ここでのコレとか言っているのだろうか？」と勘ぐったりされる方もいるかもしれませんね。

「このヘラヘラした笑いって、何がねらい？」と思われても、ハイ、ご安心ください。単に普段からヘラヘラしたオヤジなだけですから。料金も頂いていないのに、きちんとした設定や構造もないのに、そんなことするわけありません。もしそのように勝手に思ってくださる方があるとすれば、この名刺は不安喚起的なものとして、最近始めたビジネスの際の「飛び道具」として有効かも、とちょっと考えたところです。

見出しといたしました我々の職業病とは、とりあえずのところワタクシの場合は以下の二つです。

ハイ。一つ目は名付けて「オンタイム病」です。

もう一つは「うっかりするといつの間にやら周囲の人のおしゃべりに耳を傾けているという耳傾け病」です。

まず「オンタイム病」について、です。対価を得る仕事として、先に述べた治療構造に対応した日常生活をしておりますと、オンタイムを自らに課し、相手や周囲にも期待するという態度が身についてしまいました。約束の時間になったら、約束のその場所にいないと気が済みません。教員としてもチャイムが鳴ったら、「では」と始めないと気が済みません。他人様からすれば、「何もそこまでしなくても」というレベルです。他人様がオンタイムではないことにも妙に気になります。これは生活をだいぶ不自由にしますので、職業病のレベルです。

例えばこれはとあるミュージックフェスに出演予定の日に、実際にワタクシに起こったことです。リーダーから指示がありました。「十三時にフェス主催者と打ち合わせるように」と。夜型の生活が身についてしまっているワタクシの目が覚めたのは、地下鉄を用いて現地に行くには微妙な時間帯。「遅れてはならない」とオンタイム病のアプリが起動しました。衣装をカバンに詰め込んで慌てて戸締りをして、自宅兼オフィスから飛び出しました。

（遅れてはならじ!!:）とこころの中ではその思いが先行しています。（地下鉄はパス！タクシーだあ！）運よく止まって下さった運転手さんには「待たしているので早く！」と微妙なウソまでついてしまいました。（タクシー料金はそれなり?!……でも遅れてはならない！）とこころが落ち着きません。

五分前に到着！　慌てて料金を支払い（それなりのランチが食べられる額）、会場へとダッシュ！　主催者と思しき人を発見して近づき「遅くなりました！」（事実と反する）。急いで飛び込んできたようなワタクシに主催者は「あ～」とか言いながら打ち合わせが始まったという訳です。が、打ち合わせながら周囲の状況から「十三時ピシャリでなくてもよさそうだった」ことがつかめて来たり、「そういえば、電話して多少遅れるかもしれないことを話すという手もあった」ことに思いが至ったりもしてきます。

何なんだ、このオンタイム病は？　それなりのランチを食すればよかった、という訳です（遅れないことがそんなに重要なのか、それとも連絡は取りつつもやることをちゃんとやることの方が大切なのか。交通機関の事情で若干遅れてやって来られたドラマーが、ステージの上でリハーサルのために淡々と準備を進めながら、セッティングを終え、リハーサルが滞りなく始まった舞台の上で書いた文章です。ゲスト扱いのワタクシの出番はまだ後。イーグルスというバンドのピースフルという名曲を、三声でハモられ、見事に歌い上げられた超スゴイドラマーさんです）。

もう一つの職業病「隣のハナシが聞こえてしまい、つい聞き入ってしまいあれこれ考えだす」も、フェス当日にも起こりました。フェスの本番を（トリを務める）前にして、近所に昼飲みの店を見つけてメンバーでテーブルを囲んでいたところでした。本格的に飲むわけにはいきませんし、緊張感もあって酔いませんのでハイボールなどを飲んでおります。「コロナ禍のせいで本当に久しぶりのホールでの演奏。エンジニア（当地ではレジェンド）の腕もいいし、音はサイコーやねー」などと語らいながらです。

コロナの感染者数は増えているというニュースは流れてはいますが、日曜日でもありますので店内には他にもお客さんがいます。隣のテーブルでも飲み物を頼まれた様子。こっちのテーブルでは誰や彼やのうわさ話も始まりました。まあ、こうやってメンバーの結束も固まっていくものなのでしょう。個人情報でもありますので書いてぃい範囲で書くと、「三千円で〜」と隣のテーブルから聞こえてくる。なんだ？　何を三千円で？と聞き入ってしまったのです。こちらのテーブルではさらに、フェスの他の出演者についてのまあ、値踏みみたいなものも始まってぃます。隣からはさらに「二軒回ってさ〜」なんじゃ、そりゃあ？　ワタクシの思考回路は続きます。あの年代の男が二人、関係性は？　こっちではリーダーから「で、ホールはビール持ち込みできるとね？」と尋ねられたので、それにも打ち合わせ内容を報告せねばなりません。ちゃんと報告しました。「さいたまスーパーアリーナで〜（微妙に聞こえない）」何？　何？　何？　頭が忙しくて仕方ありません、クタビレタ。

これはフェスの当日という非日常的場面だから起こったという訳ではありません。行きつけの定食屋さんで、仕事を終えてクタビレテ晩御飯を食べている隣の隣のカップルのハナシがワタクシのこころには飛び込んで来てしまい、美味しいご飯が楽しめずに「ああ、不倫のカップルだ」と結論付けるに至ったりということもあるのです。

記憶なく、欲望なく

日々の生活は、クライアントと契約した治療構造にシバラレている我々。でも、だからといって頭の中、こころの中が、常にクライアントたちのことでいっぱいいっぱいというわけでもありません。高名な精神分析家であるビオンの言葉に、「No memory, no desire」というものがあります。臨床には、記憶なく、欲望なく臨めよということなんですが、まさにその通りの毎日を過ごしております。

若い頃そうだったようには、セッション前に前回の記録を読み返したりはいたしません。普段も、あの曜日のあの時間はあのクライアントだなあと考えたりするということはありますが、困り感があるからおいでになっておられるクライアントのその困りに引きずられてワタクシまでもがいっぱいいっぱいという状態ではありません。

まあ、専門家としてその曜日のその時間帯には、そのクライアントにガッツリと集中してはおります。セッションの最後に「来週はお会いできますか？」（この面接で満足できなければ、来ないという選択肢を立ててはいるわけです）と次回の約束をした後で、「では、お気をつけて」というお声かけを聞きつつドアを出ていくクライアントを見送った後、自分も面接室を出て控室へと向かいます。向かいながら、だんだんと次の時間のクライアントにお会いするための準備状態を構築していきます。

たいていは十分間。そんでもって、十分後には次のクライアントにお会いしている、というわけです。昔からそう、というわけではありません。

はるかにお会いしているクライアントが少ない、だから余裕があるはずの数十年前を振り返りますと、面接を終えて記録を整えた後、ほっとした時くらいからそのクライアントのあの問題が気になり始めます。

そして「ああ言ったが、あれで良かったのだろうか」とか、「あれはこういう意味だったんじゃないだろうか」とかがグルグル回り始めます。それがひと段落した後であっても、一週間のうちにふとした拍子にそんなことを考え込んでしまう。面接の約束をした前日などは「俺は眠れるだろうか」と心配になるくらいに明日のセッションのことを考え出す、そんな状態となった頃もありました。現在訓練中の方もそんな感じ、ではないですか。

現在のワタクシは、ふとした拍子に「あれは、ああかな」というくらいの物思いはいたしますものの、「なるほど」と次の瞬間には今現在、そこでしていることに集中いたします。そのクライアントのことを忘れているわけではないのですが、それにとらわれてはいない状態です。これができるようになったというのが、先ほど書いたところの「フジヤマナオキ状態」ということかもしれません（先生、子どものようなことを書くのに先生の名前を何度も用いて申し訳ありません。今度お会いした時に、お寿司でも、と。スシローにて。ぜひ！）。俯瞰して、この状態を分析するならば、ヒア&ナウに集中しているということでしょうか。どうやってここまで来たのかわかりませんが、一つ書くならば臨床の数と経験値を増やしていったという事実はあるかもしれません。

臨床心理士を目指していた大学院時代のこと（臨床を目指している若い方に向けて）

早く一人前になりたい、そのためには経験値を増やすしかないと考えていた大学院博士後期課程のある学年では、週に五日は児童相談所だとかに勤務したり、精神病院でテスターをしたりして、どこかで臨床の仕事に携わっておりました。

また当時は日雇いの仕事が中心でしたので、その時間内拘束されるだけで、面接があろうがなかろうが、あるいは検査があろうがなかろうが、日給は頂けるという仕組みでした。なんとなれば空いた時間には、自分の研究のための論文を読んだりもしてよいというわけです（今はどうか知りませんが）。貧乏性なワタクシはそれができなかった。「日給～円で雇っていただいている状態なのに、雇い主に対して申し訳ない」と。

医療福祉の分野ですから、やろうと思えばやることはヤマのようにある。そこに集っておられる方はみな、それなりに志あって仕事としておいでになっている。しようと思えば、いくらでも仕事をいただくことができる。てな具合で、大学院生の時代は過ごしたでしょうか。

大学院時代のことといえば、このように一時期臨床現場に入り浸っていたワタクシも一大学院生ですから、研究もしなくてはならない。しかも在籍しているのは「精神分析は科学ではありませんね」ということを卒論の時点から言われていじめられるような大学の大学院です。必死でエビデンス・ベイストの研究をばと、統計的手法やら結果を裏付けるための分析法も学びました。まだPCなんてものはなく、当時は関数電卓なんてのを使って計算してました。

でもあれですね。やはりどこか、真剣にはやれてはいないところがある。

教育心理学会だなんてところにも在籍していましたが、その学会の大会会期中のポスターセッションでのこと。忘れもしない、それはワタクシが博士後期課程の二年の初秋のことでした。他大学の同期生の研究内容を見て悟りました。ワタクシは命を懸けてはやってはいない、と（T大の山﨑さんと会場で話したことを思い出しました。苗字が同じで、ワタクシの妹の名前とも似たお名前だったことを憶えております）。

卒論から始めて修士論文、博士号取得に向けた論文も秋の学内検討会に向けて準備していた。がしかし、その論文をあっさりと捨てました。本気でやっていない研究は、本気でやっている同級生たちと比べたら遜色ないわけがないと覚悟いたしました。学費を出してくれた父と母には大変に申し訳なかった、ですが。また、文部科学省の「文系にも博士号を早く出そうじゃないか」という機運の下、博士号が取りやすくなっている状況もありました。ものの、あっさりとエビデンス・ベイストの研究を捨てました、とさ（しかしながら、現在エリクソンについて詳しいのは、この時期のワタクシのそれなりの蓄積があるからです）。

現在博士後期課程に在学しておられる方には、中退は決してお勧めいたしません。博士号もってないと、就職できませんよと、バイジーの方にも伝えております。

まあ、青年期後期の最後の反抗だったかもしれません。在籍していた研究室の北山修先生は、おっしゃられはしませんでしたが、それなりにご心配頂いたものと思います。紙上をお借りしてお詫びいたします。本当に、ご心配をおかけしました。

ただし、ワタクシには本気でやっていたことがあるにはあったのです。そうです、臨床です。そこで臨床論文を書くことといたしました。なんとワタクシは、当時は珍しかったスクールカウンセリングの臨床経験がありました。とある私立中高での仕事で、折しもまとめようとしている論文がありました。

学内にはロジャース派の先生ですが、スクールカウンセリングの必要性を唱えておられた村山正治先生や、他にも関心を持ってくださっていた先生がおられたことも幸いしました。

まあ、いろんなことがあった経過を経て「フジヤマナオキ状態」に至って、現在があるということです。ところで。尊敬する藤山先生が講師をなさる勉強会にも参加させていただいているワタクシ、ですが、先日の講義では、藤山先生は臨床家として、さらにまだ高みを目指しておられることを強く実感いたしました。ワタクシにももっと先があるのかもしれません。昨日のクライアントの「いろいろあって、今がある。今があるから将来もある」という言葉が本当に染みます。

精神分析の学び方の一つには、座学はもちろんのこと、臨床経験を積んでいかれること以上でも以下でもないことは言うまでもありません。

訓練としての事例検討会（さらに訓練について）

そして事例検討会です。

どこかのクローズドな研究のサークルに加わることをお勧めします。そうすると他人のケースも聴けますし、他人の言い回しやさまざまな工夫についても知ることができます。ワタクシなども未だに若手の発表を聴いて、内心「イタダキ！」と学ぶことがたくさんありますし。

いろんなクライアントがあり、いろいろなセッションがあります。それを複数の臨床家で、検討していくのが事例検討会です。それって個人情報じゃないのか？　守秘義務としてどうなのよ？　と思われる方もいるかもしれませんね。

ご安心ください。

事例検討会で共有する情報は、主訴と性別と年齢と背景、生活歴と事例の経緯ぐらいしか本当のことを書きません。職業だって、例えば医師だとしたら医療従事者とかずらしますし、検討会で検討してもらうテーマと関係ないとしたら、資格を有する専門職とか、場合によっては法曹界の専門職とか、まるでデタラメを書いたりもします。原家族の家族構成とかは、精神分析的には重要なことですので、共有はするけど、検討するテーマと関係ないとすればまるでウソを書いたりもします。

そして検討後は資料を回収いたしますね。当然その後はシュレッダー行きとなります。

事例検討会は、専門職として守秘義務を守れる方のみの参加となっています。ですから出席者がどこかで、ワタクシから聞いたクライアントの情報を誰か守秘義務のない人（例えば無職の弟とか）に漏らしたりすれば、それでそれが広まってしまったりがあれば、責任をもってまず同業者組合の倫理委員会に訴えることになるでしょう。そんで同業者組合で、懲戒を含めた何らかの処分が行われます。場合によっては、訴訟も辞しませんかね。この手の裁判はクライアント側が必ず勝ちます。当然ですが。

検討会に出席して、専門家集団に対して自験例を報告する。あらゆる専門職に共通する基本的な訓練の一つです。若い時代はとても緊張していたことを懐かしく思い出します。

西園昌久先生と前田重治先生が主宰されていた福岡精神分析研究会というところで、デビューした時は、一張羅のスーツを着て行きました。確か粗ばかりの目立つ（と感じていた）プレイセラピーの事例だったか、おそらく当時は誰も未開拓だったスクールカウンセリングの事例だったかもしれません。緊張して、福岡大学病院の精神科カンファレンスルームに「遅れないように」とバスで行って、一時間前くらいから待機していましたっけ（当時はまだ、地下鉄七隈線はありませんでしたので）。

大学院時代は、人の発表に対しては鬼のように粗捜しをして、批判してました。若かったですね。まあ、そうしないと自分が専門として学んでいる精神分析が危うくなるかのような怖さがあったのでしょう。ロジャリアンや動作法の同級生には嫌われたと思います。他の立場の臨床家が重視しないこともある治療構造だなんて視点から、バチバチ言ってました（かといって、自分がその治療構造の発想を十分に理解していたというわけでもないんですが）。

一方で自分が発表する立場の時は、もちろん「自己一致」（ロジャリアンが詳しい）だなんて観点からバチバチやられるわけでした。

院生の間は、院生同士でそうやって切磋琢磨していたともいえますかね。かといって十分に自信がついていったともいえません。臨床家としての来し方を振り返れば、その後臨床心理士の資格を取り、教員の身分も得たものの臨床三昧の生活は続け、空中分解しそうになるくらいまではやって、さらに精神分析的精神療法家として立つことを志し、何とかライセンスも得て、最初にお示しした名刺にそのように肩書きとして書けるくらいになったのは、まあ、ほんの最近かもしれません。諦めなくてよかったとは思います。

そうやって鍛えて頂いた経験がありますので、最近は後で述べるスーパービジョンの際にも、そして検討会の際にも褒められるところは、しっかりと褒めますね。これは、皆さんそうかもしれません。

修業時代に対価を頂き、ケースを持つことについて

大学院時代には幸運にも、福岡市児童相談所（当時）の非常勤の職も得ました。またさらにラッキーなこと

に私立中高のスクールカウンセラーとしての非常勤職も得ました。さらにさらに私大の学生相談室の非常勤職も、です。大学付属の心理教育相談室での対価を得ない臨床経験ではなく、実際に対価を得て臨床に携わる日々を送ることができたのは、本当にラッキーでした。

対価がない、となるとどこか中途半端になります。大学付属の心理教育相談室でも、料金を取ります。しかし、自分の財布には入って来ないのです。先ほどのセッションでも、料金を現ナマ紙幣にてしっかりと頂きましたが、「仕事した」感や「頑張らなきゃ」感、そして覚悟としての「料金に見合わないと思われるのであれば、次回はナイですね」感が違います。例えばこれが料理人の世界であれば、次回お見えになることはナイでしょう。そういう意味では毎回が勝負です。あらゆることを考え、想定し、発明していかない限りは維持していけません。

幸いなことにワタクシは、それを子どもの臨床から始めました。また、思春期・青年期のクライアントとも相当数お会いしてきました。クライアントとしてお会いする人数が多すぎて、じっくりと記録を書くということもまた重要な訓練も後回しにせざるを得ないくらい、でした。このことは「モッタイナイ！」と亡くなった奥さん（同業）に注意されたりもしたくらいです。

次第に、大学という学校にある付属の心理教育相談室でお会いする方以外の方との出会いが増えていきました。児童相談所では十八歳未満の多くの子どもたちや障害をもった子どもたちとその保護者とに。そして中高では学校という場でお会いする生徒とその保護者、そして教師を生業として行う人々やその関係者、大学では学生さんとその保護者および、教職員の方、そして場合によっては医療関係者とも、出会うことになりました。

出会いと書きましたが、心理臨床だけをしたわけではありません。心理検査も死ぬほど取りましたし、面接室の中だけで仕事が完結したわけでもありません。本書の重大なテーマである精神分析からは、はるかに遠い行いも多々携わったものだと思います（ですから、精神分析であることとそうではないこととの違いが分かるのだと思います。美味しいものばかり食べていたのでは、美味しくないものがわからないようにです。アントワネットを例に出すまでもなく）。

精神分析の対極にある（と向こうが思っておられるとか）行動療法のようなものも、必要であるならば行いましたし、「このまま帰したら、死ぬかも」という学生さんにはセラピーの枠を超えて説得をしました。学校という場で教師を生業とする方と出会った折には、その独特な考え方にショックを受け、紀要まで書いてしまったほどです（学校は、とにかく頑張るところですね）。

スクールカウンセラーとして学校に行かれる臨床家には、まず保健室の養護教諭の先生と仲良くなるのがコツだと進言させていただきたくなるのは、その時の経験からです。文部科学省が発行している『生徒指導提要』も読み込んでおかれると、教師たちからは一目置かれますよ。（とても読みづらいという評判の提要、ですがPDFにして文科省のホームページにタダで置いてあります。必要であればワタクシが、対価を頂いてご教授させていただいてもよいか、とも。オファーをお待ちしています。二十年以上、教職科目として教育相談を、教員志望の若き学生さんたちに授業で教えてきたという実績があります。）

子どもに、対価を得て本格的に携わることができたのは、精神分析的心理療法家としてのワタクシの人生を決定づけたと言えるかもしれません。療育といって、発達障害をお持ちの未就学児に対して行う（治）療（教）育を月に一度ですが、これも福岡市のあいあいセンターというところで携わっておりました。フロイト先生が創始した精神分析にシビレ、それを志しているという自分が、『おかあさんといっしょ』（NHKの幼児番組）で流行っていたあの踊りを子どもと一緒に踊ることになるとは、まさか考えもしませんでした（次第に面白くなってはいきました。ハマっていったのです）。

まあ、しかし児童相談所での五年間は、児童福祉の考え方や子どもに関わるあらゆることに触れられたようにも思います。児童虐待という深刻な事態がある、ことも突き付けられました。正確にはケースワーカーの方が立ち向かっておられるのを目の当たりにしたのですが、親権の停止を家庭裁判所に申請する際には、所内が一気に緊張したのはよく覚えています。彼らが疲弊していくのもよくわかりました。家族というものがもつ仕組みや重みが身に迫ってきました。

本書では、「妄想－分裂ポジション」だなんて状態を第二部で論じております。言葉もそうだし、この概念を唱え始めたメラニー・クライン（Melanie Klein, 1882-1960）先生の説明もわかりづらく（先生にとっては外国語である英語で書いておられることもあったので）、多くの人が精神分析に近づきたがらないことをもたらしている概念の一つです。その理解ができるようになったのは、この時代に見聞きしていたいろんな家族の事情を踏まえてのことです。

もちろんプレイセラピーも担当させていただきました。意外と面白いことに気づかされました。遊ぶことを通して子どもが元気になるいろいろな仕組みについて、気づけたのはこの時期の経験に負うところが多いと思います。クライン先生があのリチャードの事例で示したような児童分析だけが、唯一のその方法ではないことを知りました。このことが知れなかったら鼻持ちならない児童分析家になっていたかと思うとゾッとします（あの人とあの人はホンモノですので、ご安心ください、あ。モチロンあの人も、です）。

子どもが発達する、元気になる。青少年が発達する、前を向いて風に抗い前進する。それがどういうことなのか、精神分析の書物で論じられていること以上のことを、学ばせていただいたと思います。一部の人には難解と思われているらしい『保育所保育指針解説』を読み解き、そのうちの「保育内容『人間関係』」の部分に基づいて、精神分析的発達論を解説することまでできました。

だから子どもにも詳しい、ですし、思春期・青年期にも詳しいと責任をもって言うことができます。何しろ対価を得て、「お気に召しませんでしたら、次回はナイ」で、そのような経験を育みました。そういう経験値があるから、現在主たるクライアントとして来てくださっている成人のクライアントのこころの中の子どもな部分とも十分にお付き合いできているのかもしれません。

訓練としての文献抄読会

精神分析が臨床家としての自分にフィットすると思い、研究室の先輩と「これは押さえておくべきだろう」という文献の抄読会（読書会のことです）をやったりもしてました。もちろん翻訳されていない本もありますので、英語力は身に付きました。原著で読むことの意義を知れたのは、この頃ですね。ドナルド・ウィニコット（Donald W. Winnicott, 1896-1971）は、原著で読むべきだと思い始めたのもこの時期です。彼は優れた文筆家であります。原著に触れることで納得のいく感覚をもって、論文を読み進めていったと思います（ただしドイツ語には挑めず、フロイトは原著では読めませんでした。第二外国語として学部時代に選択したのが中国語だったからです。今も、簡体字中国語も多少は。さだまさしにあこがれていたのが災いしたのかもしれません…あの「飛梅」を今、彼が歌ってくれています）。

ネットはまだありません。

先輩たちが関心をもってお読みになっているものを参考にしながら、「あーだ、こーだ」とうんちく垂れる先輩たちが主宰する原著の抄読会にも参加するようになりました。西園先生、前田先生、北山先生や牛島定信先生が引用していた原著に直接あたるようになったのです。そこで発見もありました。

ウィニコットの『精神病と子どもの世話』という論文は、イギリスの王立医学会での講演を基にした論文です。精神病とされる統合失調症やうつ病の精神分析的理解につながる優れた論文です。日本語への翻訳を監修されたのは北山修先生です。北山先生は、この論文に記載されている「illusion」を「錯覚」と訳されました（担当された岡野憲一郎先生もそうされています）。そのうえで、ウィニコットに関する優れた研究書である『錯覚と脱錯覚―ウィニコットの臨床感覚』（岩崎学術出版社、一九八五年）という著書も書かれたのだと思います（優れた研究書ではありますものの、優れて意地悪な本でもあります。だって、誤訳だらけと不評でみんな持っているけど、誰も読んでいないという『ピグル』を、原著で正確に読んでいないとわからないことを前提として書いておられる。で、本人は着任したばかりの九州大学で、ロジャリアンの村山先生相手に「本当の自己にとって自己実現はあり得ない」と腰を抜かすようなことを説明なしに言ったりもありました。なお、妙木浩之先生たちが訳し直された『ピグル―ある少女の精神分析的治療の記録』（金剛出版、二〇一五年）はちゃんとしております）。

で、「illusion」の件です。ワタクシは「空想」と訳すことにしました。

ウィニコットの当該の文献は、子どもの理解をする上でも相当に有益だと信じて疑わないワタクシですが、北山先生に倣いそのまま錯覚と訳して、講義を行うとその「錯覚」という日本語に引っかかって、学生さんたちの理解が芳しくない。当該文献を用いて子どもの臨床を講義するうえでは、「錯覚」という日本語が邪魔なわけでした。なので、当該文献を子どもの臨床を解説するために用いるには、「空想」と訳すことにしたらば、ウケが良かったのでそうすることにしたのでした。

原著、原文にあたること

言葉を介して心理療法を行っていく精神分析という営みにとって、訓練として欠かせないことかと思います。

外国の方のセラピーも引き受けるようになった若手の先生からは、原始的な感情というのは、母語でないと表現できないとも聞いています。

先輩の影響を受けて、当時はまだ翻訳もされておらず珍しかったコフート（Heinz Kohut, 1913-1981）の本や論文（Z氏の事例とか、ですね）を読んだり、ラングス（Robert Langs, 1928-2014）に挑んだりしたおかげで、ほぼ現代の精神分析では共有されているいろんな事柄について、付いていけているのだろうと思います。

前田重治先生の影響を受けて、精神分析の中でも自我心理学派と呼ばれる立場のハルトマン（Heinz Hartmann, 1894-19701）も読んだのを思い出しました。エリクソンはもちろんのこと、です。小此木先生が、「エリクソンは自我心理学に分類されることが多いけど、対象関係論的だよね」と何かに書かれておられたと思います。クライン先生が好きな方も、食わず嫌いをなさらずに、ぜひと思います。

ちょっとだけ、学派について

学派、だなんて小難しい言葉を用いると、専門外の読者には煙たがられるでしょうね。とはいえ、一言だけ。

人間のこころの動きや言動を理解していくにあたって、どの部分を重視するのかという違いです。個人的には、クライアントの数だけどこを重視するべきかというのは違うわけなので、「私は、～学派です」だなんてことはあまり言わない方が、常識的だと思います。世に知られているだけで、自我心理学派、対象関係論学派、クライン学派、そして自己心理学派だなんてのが、あります。精神分析家には、強迫症的な人が多いので、学問体系として精緻なものにしていくうえで、矛盾がないように理論構成をする。すると自ずと違いが生まれ、立場が異なるということになることがあるというだけです。

ただし、すでに書いたことですが、クライアントを理解する上では、あらゆる観点から、そうするべきだと思います。あらゆる面から多面的、重層的に理解していくべきだと思いますね。そうするにあたっては、あらゆる学派がゲットしてきた知恵を利用する、というのがワタクシの立場です。こういう当たり前のことをやっている人たちのことを総称して、独立学派とくくられたりしますけど。

まあ、どの立場にも「心を捧げ、信条とする」ことはしませんので。まず、クライアントありきですかね。

さらに、訓練としてのスーパービジョン

臨床経験と事例検討会、そしてスーパービジョンも必要です。

上級者に一対一で時間を取ってもらい、特定の事例について指導を受ける、のです。ある程度のことは、入門書などを読めばわかりはするものの、何しろ人相手ですから想定外の出来事や、そこで想定以上の働きかけをしてしまうこともあります。しなくては成り立たないこともある。

スーパービジョンの体験は、臨床経験が間違った方向へと進まないようにするためのモニタリングの場にもなります。上級者に、特定の事例について俯瞰的な立場から指導を受けながら、間違わないようにと教えを乞う、という訓練ですね。先ほど現役証券マンと金儲けのハナシをした際に、このような仕事もしていることを話しましたら、彼らもそう、なのだそうです。いかにして世界の経済を読み解き、その時点で顧客に満足をもたらす提案をするのかという彼らの仕事も、やはり先輩が指導するし、先輩に指導を受けるのだそうです。

これは草刈り機初心者のワタクシが、上級者である小学校の同級生から、エンジンのかけ方、してはならないこと、危険なことを教わり、危険の回避法を学び、実際にやって見せてもらいながら指導を受けることと同じです。さらに彼には、ユーチューブに「入門動画」があることも教えて貰いました。安全靴やいろんなリス

クヘッジも教えて貰ったところです。聞いててヨカッタ！

ではだれにスーパーバイズを受けたらいいのか？

雑な言い方になりますが、「カッコいい！」と自分が思う人、ですよ。学会の学術誌や年次大会の発表や、シンポジウムに登壇している人の中から、この人がいいと選べばよいわけです。先ほど挙げた草刈り機に関することでは、同級生が格好よく見えました。専門家としての著作がある人も、実績があるので選択肢の一つとなるでしょう。またクローズドの検討会では、スーパーバイザーを紹介しているところもあります。取りあえずは、ワタクシが所属する福岡精神分析研究会では、そうしています。

ライブや何かでも「カッコいい！」と思う人のライブを観に行くじゃないですか。プレイヤーとしてカッコよければそれを真似すればよい、ということと同じ仕組みのことをワタクシは書いていると思います。ワタクシのギターヒーローは、ジミー・ペイジ先生だったことを思い出しました。カッコイイ、ギターリフを完コピとまではいかないものの、マネするわけです。それと同じ仕組みのことを書いているハズです。

通えるところに教えを請いたいという上級者があれば、アポイントを取って面談してもらい、話が整い、都合が合えば個人指導を受けることにするわけです。心理療法の業界では、これをスーパービジョン制度として構築しております。モチロン料金をお支払いする。

案外、初心者でも都合さえ合えば、引き受けてくれる場合もありますし、引き受けることができない場合は、適当な人をご紹介することもマナーの一つではあります。

で。誰を格好いいと考え、誰をスーパーバイザーとして選択するのか。

これは自分で選択するしかありません。

大学院生であるならば、研究室の先生に相談することもアリかもしれません。でもだからと言って、先生が勧める上級者が自分には格好よくは見えないかもしれません。あるいは、自分が格好いいと思う上級者を、先生は勧めないかもしれません。ワタクシ自身、この両方を恩師との間で経験したことは告白させていただきますね。

臨床家として自立するための第一歩でありますし、またその研究室の先生と対等な臨床家として、すなわち競争相手として立っていく、エディプス的な関係にも入っていくという覚悟が求められるところでありましょうかね。

料金をお支払いする経験をするという、クライアントになる体験も重要です。非常勤で生計を立てておられる間は、個人事業主として領収書を頂き、確定申告をするという貴重な社会経験を積むこともできますね。

注意事項としては、プレイヤーとしてどうかという点は外さない、ということです。著書がある方や学会の要職にある方でも、まるで臨床家ではないような人もあります。楽譜は書けてもプレイヤーとしては?? ならば、弟子入りしない方が良いかもしれません。

さて、治療的退行が進み、クライアントが語ることは

さて、治療的退行が進み、クライアントとの治療関係が深まっていったとします。

自由連想で、最初に提示しました教示は「心の中に浮かんでくることを、そのまま、列車の窓から見える景色を描写するように」というものです。体験してみられるとわかりますが、当初は何を語ればよいのかと戸惑っていたクライアントも、次第次第にその時気になっておられることが話題として語られるようになってまいります。

クライアントはどんなことが気になっておられるでしょうか。職場での対人関係のことかもしれません。家

族のことかもしれません。家族といえば、親との関係かも、きょうだいとのことかもしれません。インターネット上でのさまざまな現象かもしれませんし、現在取り組んでいる就活のことかもしれません。「死にたい」という思いや「ぶっ殺してやりたい」との思いかもしれません。

我々は、日々さまざまなことを考えながら生きております。生きながらえております。寝椅子に横たわり、リラックスして落ち着いた状態になれば、自らのさまざまなこころの声が聴こえてまいります。それは夢や希望、将来への展望といったポジティブなものばかりではありませんね。困り感を持ってお出でになられているクライアントです。こころの声として聴こえてくるものは、口に出してみることさえ、おぞましいものかもしれませんし、ぞっとするような、思わず否定したくなるようなものかもしれません。決して社会では認められないような類のものもあるかもしれません。

びっくりしますか？

本当の自己と偽りの自己について

精神分析家であり小児科医でもあったウィニコットは、この節のタイトルとしたことに関する論考を行っています。これは、『精神病と子どもの世話』というタイトルで、一九五二年にイギリスの王立医学会で講演した内容をまとめたものの中にあります。

簡単に言いますと「我々は、本当の自己が求めているものを偽りながらも生きている」ということです。これもビックリしますね。図3は「人格の基本的な分裂」というタイトルで彼が示したものです。先に述べたことについて、この図3を見ながらじっくりと考えていきましょう。

我々の無意識や意識を含めたこころの動きについて、さらに理解が深まるかと思います。

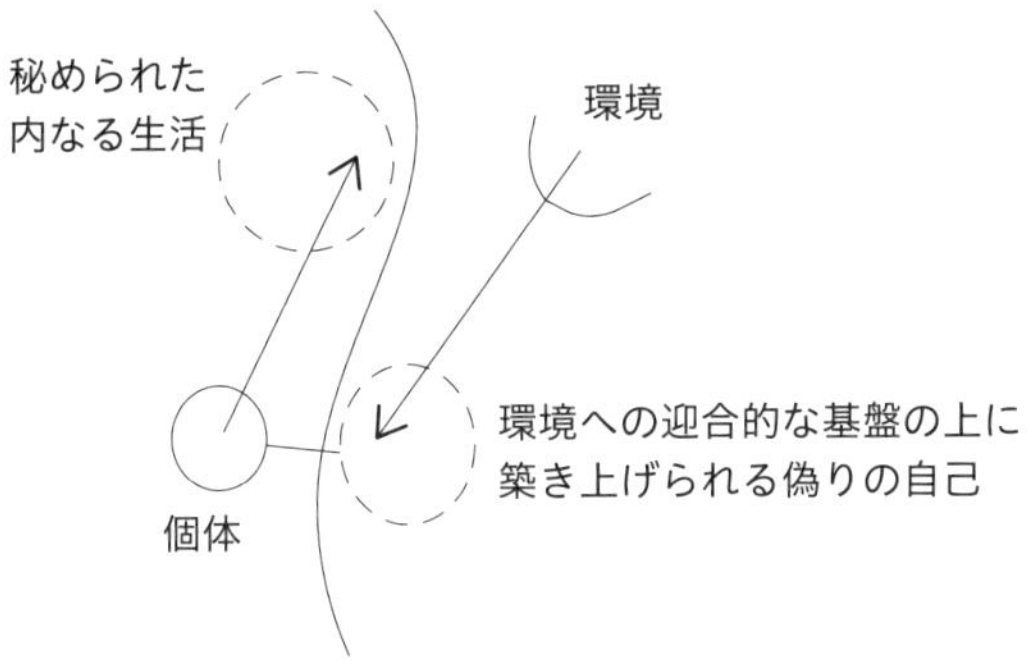

図３　人格の基本的な分裂

我々人間は、生まれ落ちた瞬間からすでに自分を取り巻く環境との接面では、本当の自己が望む通りではないという事実に直面化されますね。母胎内の羊水の中という環境にいた頃には、臍の緒を通じて栄養摂取できます。さらに身ごもった母親がわが子への愛情をもって体調管理している限りは平穏無事という訳です。ところが、です。出生と同時にその環境が切り替わるのです。自分で呼吸しなければならない、おっぱいを吸わなくてはならない、排せつしなくてはならない、自分一人では体調管理も体温調整もままならない事態に切り替わるわけです。

出生した赤ん坊は、それまでは胎児としてなみなみと欲望が満たされていた状態を離れ、この新しい事態に適応するしかありません。小児科医であったウィニコットは、このことに大変自覚的でした。赤ん坊、そして乳幼児は欲望の固まりです。それに対してお母さんが眠る間も惜しんで対応していく時期さえありますね。お母さんたちが必死になって、赤ん坊の欲望をかなえようとする状態のことを、彼は「原初の母性的没頭（primary maternal preoccupation）と呼んだほどです。

欲望を体感し、それが満たされない場合、赤ん坊は泣き叫びます。いくら原初の母性的没頭があったとしても、です。赤ん坊には聞けないので本当のところはどうかは分からないものの、物凄く怒っていることかと思います。かつていた羊水の中のように、欲望が瞬時に満たされるような天国ではないのはなぜなんだ！　どうしてだ！　いったいどうしてくれるのだ！と言葉があって、問うという思考もできるならば、こんな感じでしょうか。

図3を見てみましょう。

赤ん坊は、出生したからには羊水の中という天国を取り戻すことはできません。ニュースでは今、ウクライナのウォロディミル・ゼレンスキー大統領がものすごく怒った顔をしているのが見えました。誰だって怒るでしょう。平穏な生活や豊かなインフラなどの環境を理不尽にも奪われたらば。しかし赤ん坊は図3に書いてある通りです。「環境への迎合的な基盤の上に築き上げられる偽りの自己」を生きるしかないのです。

赤ん坊として生きていく中で、欲望を体感しては「あ？　あ？　あああ？」となる連続の中で、表向きの偽りの自己というものを形成していくしかないわけです。ある面からすれば、赤ん坊が歩みだした人生、ってえのは。もちろん、心身の成長もあり、自分を取り巻く新しい環境（自然環境、物的環境、人的環境）の面白みも分かってきますし、それらの環境との相互作用や相互交流による楽しさもわかっていくという面も多々ありますから、人生をさらにやっていきましょうということに総合的には落ち着くことになります。

しかし天国は帰ってこない、のも明らかな事実ではあるのです。

ウィニコットが「人格の基本的な分裂」とタイトルを付けたこの図3は、大変に示唆に富むものだと思います。我々が人として、大人として生活する状況をかえりみて頂けるとよいかと思います。自分の人生の一番最初の出生という時期に起こった分裂という事態、偽りの自己を背負わされるという事態、天国を求めてもそれはもう叶うことではないという事態。大人として、仕事をして、対価を得て、レジャーもして、飲んで寝て、また起きて仕事しての生活って、最初に起こった「人格の基本的な分裂」をそのままなぞって生きながらえているように思えてきます（精神分析家の中では、オットー・ランク（Otto Rank, 1884-1939）という先生がこのことにまず自覚的となり、「出生外傷説」というのを唱えられました）。

次節で申し上げるように、精神分析では人の欲望を否定しません。あらゆる欲望を否定しません。しかし現実に生きていくとしたらどうでしょう。天国状態の方って、もしかしたらおられるのかもしれませんが、おそらくごくごく僅かでしょう。ワタクシなら、山﨑家の跡取りとして、ウィズ・コロナを生きる人として、あるいは精神分析的心理療法家としても、どこか偽らざるをえない人生を送っています。図3に書かれたような「秘められた内なる生活」を送らざるをえない欲望もあるでしょう。

この自らの本当の自己が欲する欲望という観点からすると、それをパーフェクトに達成することは叶いません。何てったって、いつかは死ぬのですし。医療の進歩で、健康寿命は昔に比べたら伸びるかもしれませんし、諦めずにいたらもしかしたらヒットチャートをにぎわせるようなミュージシャンにもなれるのかもしれませんが。

自らの欲望という観点からすると、偽りの自己を生きているのは事実です。

欲望について、精神分析の立場は？

我々は時として、言葉にするのもおぞましいような欲望を抱くことがある。

我々のこころというのは、そういうものです。

それでいい、と精神分析は考えてきました。

精神分析は、ありとあらゆる欲望を肯定する立場をとります。

食欲、物欲、性欲、支配欲、依存欲、等々あらゆる人間の欲望が存在することを否定はしないのです。現在インターネットを検索するだけで、さまざまな形の、そしてさまざまな種類の欲望がこの世には存在することがあきらかとなりますね。現在（執筆当時）ちょっと話題になっているマッチングアプリで知り合った後に監禁の事件も、「何のために?」という方もいるかもしれませんが、世の中の方の性癖というものは実に多様です。そう、というしかないほどです。

ただし。

それをこの社会の中で、現実として取り行うかどうかは、その人が置かれている社会のルールに沿っているのかどうかや、欲望を向ける相手に迷惑にならないかを考えなくてはなりません。公正や公平、民主主義や平和といった社会的に常識とされることにも則る必要があるでしょう。

とはいえ。

こころの中で考え、思い描くのは自由です。

精神分析はそう考えます。外的現実ではありえない、認められないけど、その考えや欲望を、どう形にして楽しむのか。そこにあるのが遊ぶことであると考えています。

遊ぶこと、について

ワタクシが尊敬をし、研究してきたウィニコット先生は、イギリスの小児科医であり精神分析家です。彼は、この遊ぶことについて、探求していった精神分析家です。

心の中で思い描くあれやこれやのことで、現実的には実現できないことがあるとします。

例えば「空を飛びたい」(とある小児科の玄関先の七夕の短冊に、子どもの字で「そらをとびたい」とあったのを思い出します)。

人間には空を飛ぶ能力はありません。

そこで空を飛べる神の物語を神話として生み出し楽しむようになったというのです。

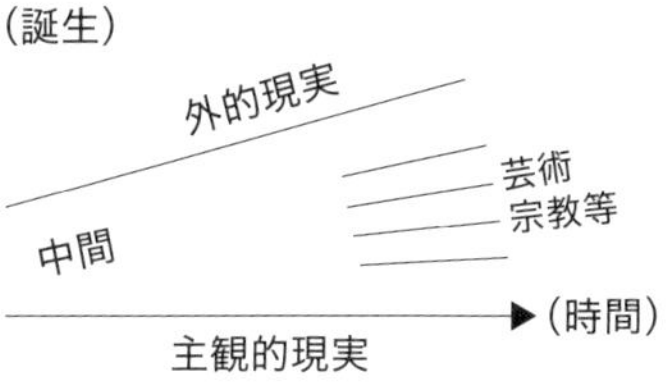

図４　一次的狂気の中間領域

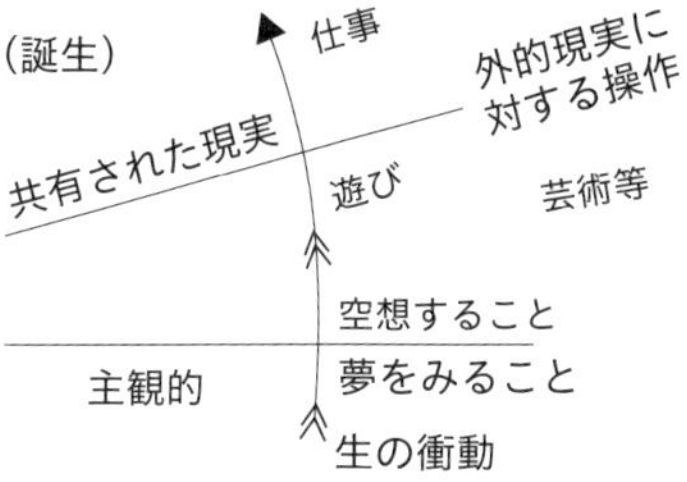

図５　図４の推敲

さらにその神に自分も同一化して、あたかも自分が飛べるようになったかの如く想像して遊ぶのです。そして、その思いを何とか現実のものにしようと発明家たちが競い合い、文明が発達し、今や空を飛ぶという夢でしかなかったものを飛行機に乗ることで現実のものとして現在に至っていますね。

遊ぶというのは、実に想像的で創造的な体験なのですね。また、いまだに空を飛ぶことができる人の物語は好まれるようで、ＳＦやマンガ、アニメとして登場し、楽しまれる状況です。

こころの中の「空を飛びたい」想いと、現実的には空を飛べない身体であるという外的現実との間に、体験の中間領域がある、とウィニコット先生は考えました。詳しくは、別の本（『現代精神分析基礎講座　第四巻　第七章　子どもの精神分析的心理療法　一』（金剛出版、二〇一九年））に書いております。それをぜひお読みください（図４、図５参照）。

そういえばワタクシは行ったことはありませんものの、関西にあるというＵＳＪだなんてのも、アトラクションによってはまるで「空を飛んでいる」ような体験を提供してくれるものと聞いております。あるいは魔法使いになった、かのような体験もできるそうですし。外的現実としては魔法使いなどではありえませんが、こころの現実として、魔法使いになったような体験を提供してもらえるという訳です。

バーチャルな体験がますます進化していくようです。ＶＲをはじめとして、この中間領域を楽しみ、あたかも「～である」というような体験を提供してくれる遊びが発展していくのかもしれませんね（あまりにも精巧になりすぎて、子どもたちの空想する能力のようなものが低下しないといいなとは思います）。

先日からお会いすることになった若者は、この領域で、何か楽しいことができないだろうかと研究中であることを教えてくれました。二人して「まさか、『サマー・ウォーズ』（細田守監督、二〇〇九年公開）が現実のものになるとは！」と話したところです。

さらにクライアントの語りについて

人の欲望を否定せず、こころが漂う自由を保証したいと考えるのが精神分析です。セッションの五十分の間、クライアントの語りに否定せずに耳を傾けていきます。モチロンどんな思いも否定しません。

すると人はどうなるでしょうか。語りたいことを語りたいだけ語ってよい、ということがわかってくれば、自由連想としてはますます深みを増していくようになるのです。時には同じことを何度も。そしてさらに詳しく、という具合にです。

精神分析における言語化機能について着目し、研究されてきた恩師北山修先生は、語ること、そしてそれを受け取ってもらえることだけでも治療効果はある、と仰られます。

ワタクシもそうだと日々実感しています。クライアントによっては、ワタクシがほぼ何も語らないにもかかわらず、五十分間あれこれと話をする（もちろん、話を聴きながら精神分析的な観点から理解をしていっています。うなずいたり、質問したりもする）ことで満足して帰っていかれる方もあります。

これは精神分析に限った話ではありません。振り返ってみても、ワタクシ自身人生の節目節目に誰かと語り合い、そうすることで何とかなってきた歴史があります。想いを深く、あるいは熱く、時には涙を流しながら語る。そしてそれを合間に酒食を入れながらも、噛みしめる。皆さんの多くの方も、そうされていることかと思います。

聴いてもらい、受け止められる体験

心理療法家は、聴く専門家です。徹底的に「傾聴する」という訓練を受け、日々それを実践している職業です。ワタクシなどは、そのために前述したような職業病にもかかってしまいました。

そして試行錯誤、紆余曲折の歴史はあったでしょうが、一般に次のいくつかのものが基本原則であったり、倫理規定であったりいたします。

まず「傾聴する」「積極的関心を持つ」「受容する」といった基本原則があります。

どんな人であっても、どんな話であったとしても積極的に関心をもってもらい、じっと耳を傾けて聴いてくれて、気持ちを受け容れてもらえるとしたらどうでしょう。想像してみてください。すっきりしますよ。モチロン守秘義務がありますので、ここで話したことは一切どこにも漏れたりしない。誰の悪口でも言いたい放題です。

神様の悪口だって、悪魔のような呪いの言葉さえ聴きますよ、我々は。

道ならぬ恋の想いであってもお伺いします。

さらに、想うことは、こころにとっては自由なのだと、精神分析は考えます。

ここでは受け止めることと、受け容れることとを区別していることは専門職としては書いておきます。わが経歴の中では、とても受け容れられないような思いにも出くわすことにある時気づきました。それをクライアントに対して、否定しないことについて、専門家として苦しくなるほどの受け容れられなさとなっていきました。

例えば「死にたい」ですとか「殺したい」の類です。

ある時気づいたのは、受け容れられなくとも、受け止めることは可能だということと、まずクライアントにとって大事なのは、精神分析的心理療法家という専門職との間に、その人が受け容れられないような思いも、言葉としてまずは置く、という営みが必要だということです。

受け止める、と受け取るということ

受け止める、受け取るということは、どうやら否定する構えではありません。

ただそれだけで、誰もが受け容れてくれないような邪悪な欲望であってさえも、そのことによって苦しんでいる人にとっては、置いておくことができたという体験となるようです。「あなたはそのような思いをもって苦しんでおられるのだ」と理解する理解者が一人できたことになります。どんな状況であっても、理解者が一人いるというのはありがたいものです。どんなに失敗をしても、「あなたが頑張っていることは私だけは理解しているよ」という子どもと母親のような関係でしょうか。勇気が出ますね。

一方で、むしろ無理して受け容れようとすることの方が、反治療的な場合があります。

受け容れられないのだということは、クライアントもよくご存じな訳です。日々社会生活を送る中で、周りの大勢の方に受け容れてもらえず、そのことで苦しんでおられるはずですから。

クライアントが受け容れてもらえずに苦しんでいる状態を否定してはいけないと思います。その状態を否定することは、味方になってしまうことです。仲間になってしまうことです。同じ思いを共有する（しかもそれは、社会的には受け容れられないもの）仲間として、秘密クラブを作らなくてはならなくなります。クライアントからは、そう求められるでしょう。そう求める欲望も精神分析は否定しません。

そうしますか？　できませんね、社会的に立場もありますし。

これを読んでいただいてる読者の方々に、誰か一人は理解者がおられるとよいなと思います。その方はあなたのファンです。応援してくれていますよ。きっと。

勇気が湧きますね。

精神分析家の平等に漂う注意について

心理療法家は、グッと耳を傾け、静かに聴いています。

そして精神分析的心理療法家は、何が語られているのだろうか、あるいは語られていないのかと精神分析的観点から考えています。

ワタクシは、最近はクライアントの方の表情や動きを観察することは少なくなりました。相手の目を見て、表情を読んで観察することは人間関係の基本です。ではなぜそんな基本的なことを、対人支援職に位置づけられる専門家としてやっていないのだ？　と思われるかもしれませんね。

ワタクシは言葉を観察している、のです。ですからコロナ禍であっても、できるだけ外の音が入って来てしまわないようにと、可能なクライアントには窓を閉めさせていただくようにとお願いしてきました。

そういえば恩師の前田重治先生と、大学の学部生の時分にお会いしていた頃、対面でお話ししていても目が合わないのが不思議に思っておりました。

きっと私の言葉を観察し、味わって頂いていたものと考えます。今なら先生とは、お会いした時には、普通に互いに目を見てお話しするのですが。多分現在の自分も、同じ感じで人と接していることかと思います。ですからアイツは不思議だとか、あるいはケシカランと思わないで頂ければと思います。よろしくお願いしておきますね。

この観察法の出発は、この本が出たら自分のことだとお気づきになられる、あるクライアントとの出会いから始まりました（ご本人に了承は得ております）。

にこやかな、そしてさわやかな顔と表情の方でした。身だしなみも素敵な女性で、女性雑誌の読者モデルにでも登場しそうな雰囲気のある方ではありました。ですが、どこかおかしい。例えていえば、さわやかなジャニーズ系のアイドルの、鼻毛が一本大きく見えているような。また、撮影現場に現れた素敵な女性モデルの、ストッキングのよくわかる場所にピッと伝線が入っているような、そんな感じです。

「死にたい」とおっしゃるその方には、十年来の治療歴もあります。ですが、管理医もセラピストも彼女の表情にコロッと騙されていたことが、後に分かってきたのです。「死にたい」とさわやかに言われては、そのさわやかな笑顔に引きずられてしまうと私は考えました。彼女のこころの動きを察知するためには、彼女の表情や姿勢・しぐさといったものが、邪魔をするのです。

ならば見ない。で、グッと聴くことに集中する。意識的に目をそらす作戦としたわけです。するとだいぶ正確に、こころの動きが察知できるようになったと感じました。またこれは、他のクライアントにも使えるのでは、いやいや、積極的にそうしていくというのも方法論的には有効なことも分かってきました。

そうそう。フロイト先生がいう「平等に漂う注意」とはこれなのか、ってなわけです。

このように、にこやかな顔で語る「死にたい」。はたまた言葉の陰に潜んでいる悪意や怒り。何かを語ることは、何かを語らないことです。ワタクシたちは字義通りの言葉を丸ごと受け取っているわけにはいかないのです。「死にたい」が「生き延びたい」であったり、「ぶっ殺す」が「甘えさせて」であったりもしますしね。平等に注意を漂わせながらも、まずはその言葉を観察するしかありません。言葉の中のシミやシラガ、あるいは爛《ただ》れや薄ら汚れといったものに、大切な意味があることもあります。

「愛している」と同じ言葉であっても、その人との関係性の間に置かれることになります。語られているその言葉の背景や、文脈というものもありそうです。「お前を愛している♪」と歌う歌の背景を知ることは、その歌にもう一歩近づくための努力かもしれない、と土曜日の夜に二人で絶望友の会という名前をつけて飲んでるあのギタリストなら言うことでしょう。そのミュージシャンによると、研究者が論文を書くのにレビューをしっかりとするように、音楽も原典にあたることが必至だとか。

そのためには、クライアントが私との間に置いたこの言葉、何が語られているのか、あるいは語られていないのかとしっかり観察していく必要があるのです。言葉通り、字義通りとは限りません。初心者のうちはクライアントに了解を取ったうえで、録音して、繰り返し聞いていくことも訓練の一つとして有効かもしれません。もちろん、それで記録を取らなくなることは避けないと、ですが。文字でも記録を取り、全体をつかむ。そして録音を聴いて確かめてみる。ご自分の理解とは異なったものが聴こえてくるかもしれませんね。

ロジャーズ派のユージン・ジェンドリン（Eugene T. Gendlin, 1926-2017）が開発したフォーカシングというのも、ワタクシには訓練として有用でした。フェルト・センスへ着目する体験や、言っていることと言いたいことが一致しているという自己一致の考え方等々。頭が固い（とワタクシが思っている）あの心理療法家は、言っていることとやっていることが一致してないのではとにらんだりすることができる視点もそこから降ってきたのでしょう。

フェルト・センスについて

ロジャリアンの方との説明とはちょっと異なるかもしれませんが、心理療法家としてワタクシなりに説明しますね。臨床場面で、ヒア&ナウで今まさに体感されている身体感覚のことです。ロジャース派の若手臨床家の指導をしていると、この身体感覚について自覚的である場合が多いようです。今まさに体感されている身体感覚に着目することで、クライアントが転移してきている関係状況に気づく、すなわちそれは後で詳述する逆転移体験としてクライアント理解につながる重要なエビデンスとなる、というわけです。

フォーカシングで気持ちにフォーカスを当てていく体験。フォーカシングは、相手が語る言葉、自らが発する言葉への感度を高めてくれたように思います。語られる言葉というものは生き物であるかのようです。字義どおりの意味合いとは限りません。「愛している」が「死ね！」だったりもします（やっと昨日の田植えのヘロヘロから復活し、書きたいことと書いていることが一致する事態が訪れています）。

転移、という現象について

転移とは、ガンという病気でいうところの転移と同じです。

フロイト先生は、症例ドラとの治療で転移という現象を体験し、治療には総合的に見て失敗しました。何が何に転移したのかというと、ドラと父親とのギクシャクした人間関係が、フロイト先生とドラとの人間関係に転移してきたのです。で、ギクシャクして終了。

フロイト先生は、中立性ということは考えておられました。精神分析家は、映画のスクリーンのように真っ白であるように、すなわち中立的であることが重要であると。映画のスクリーンのように真っ白であると、そこにクライアントは見たいものを見るようになります。これは少々下品な例えで恐縮ですが、このコロナ禍の下ではマスクをした人が増えていますね。見えない白いマスクの部分に、我々は勝手に見たいものを投影して見たい鼻と口の恰好を押し付けるのです。マスクイケメン、マスク美人の登場です。

マスクを外すと「ああ、違ったのね。ガッカリ！」ということはありませんでしたか？　これもコロナ禍の下で、オンライン授業が中心だった時期に、私の元同僚に対して多くの女子学生が体験していたそうです。マスクをしている先生、目元がバッチリ！　イケメンに違いない!!! と女子学生たちは色めき立ったそうです（若いから仕方ありませんよ）。が、しかし。オンライン授業で、研究室にてPCの前でマスクを外すと「あらあら～」ってなわけで、「よし、保育という学問について勉強するぞ！」という気持ちになったそうです。

学生さんたちばかりではないでしょうね。

コロナ禍の下のマスクイケメンやマスク美人の多いこと。街中を歩いていて、また電車で席に座ってみて、「オヤオヤ！（?）」なトノガタやゴフジンを見かけたとしてどうでしょう。モチロン、オンザマスクです。

そこからはコロナ禍の前と後では事情が違いますね。マスクを外すまでは要注意です。マスクイケメンやマスク美人に、速攻でフォーリンラブという訳にはいかないなとは言わずもがなのことです。コロナもだいぶ経ちましたし、十分に身に染みておられることかと思います。

悪ノリしてもうちょっと書きますと、ワタクシが行きつけている美容院の店長から聞いたのは、「カットモデルを探すときは、鼻口が整った人を選ぶんですよ～。鼻と口はどうにもできませんが、目元だけはメイクで何とかなるんです～マスク美女？　いるでしょうね～」という専門家のコメントでした。目元は、メイクで何とかなる！　若い読者の方々、マスク美人、マスクイケメンを目指してください。そして相手を恋の渦中に誘い込み、若いからならではの「マスクイケメンだけど、愛があればそんなことなんて～」に持っていき、はい、恋人になっちゃってくださいね。

＊マスクイケメンとマスク美女の件を書いた文章について、第二校のゲラを頂いた時点で若い編集者から「ルッキズムと思われるかも、ですからちょいとご検討を」というご指摘を受けました。ルッキズム？　何だ、それは？　とググりましたが、個人的には共感しかねる主義のようです。ここでワタクシが書いたのは欲望に関わる案件です。百人いれば百通りの美醜についての価値基準があります。「イケてる」と思うかどうかは、そのヒト次第だと考えております。文章中の女学生たちも美容室の店長も、自らの欲望に沿っているだけの話です。

昭和の時代に山口百恵・桜田淳子・森昌子の三人を称して中三トリオとして、「誰が一番イケてるか」というネタがありました。これはおそらくルッキズムでしょう。また、ジャニーズのアイドルで「誰が一番イケてるか」ってのもそうなのでしょう。アイドルグループのセンターに立つのは誰？　これもそうだと思います。ワタクシには全く響かない話題です。中三トリオの件では、ピンクレディー推しの同級生がうっとうしくて、ワタクシは早々にビートルズやストーンズといった洋楽の道に進みました。ですからワタクシにとってアイドルとは？　と問われたならば、パンクロッカーのビリー・アイドル先生な訳です。人にはその人なりの美醜の基準がある。これがワタクシの立場です。ヤフーニュースで時折見かける「あの女子アナが〜」といった記事には全く関心がありません。

白紙である、スクリーンのようである、すなわち中立性が保たれているところへは、クライアントがあちこちで繰り返している人間関係が、転移されてくる。そしてその独特の人間関係に巻き込まれていきます。巻き込まれたワタクシども精神分析に携わる者には、「おやおや、何か不自由だな〜」ってな体験をすることになります。普段の日常生活では、このように考えたり、振る舞ったりすることはないのに、何でかこんな気分になっちゃったり、こんなことを思いついたりするのだろうか？　と考えていきます。その原因は明らかです。自分自身が中立的であり、白いスクリーンであるからこそ、緊張が解けて次第に自由に物事を見たり聞いたりできるようになったクライアントに巻き込まれて、そのように振る舞うようになっている、ということなのです。

転移に対する逆転移

現代の精神分析ではこの体験のことを、逆転移体験としてクライアントの理解のための重要な情報として取り扱っていきます。「このクライアントは、日常生活ではこのような人間関係を取っておられて、それでうまくいかずに困っておられるのだ」というエビデンスとして、ですね。それは自分自身が可能な限り白いスクリーンであることを意識的に構築しているからこそ、可能なことだと言えます。

白いスクリーンである。

できそうで、そう簡単にできることではありません。

相当な訓練を要します。

クライアントが見たいように自分を見させて、そんでもってそれをエビデンスとしてクライアント理解に活かしていく。

クライアントが定番としている人間関係の台本、すなわちテンプレートに準備もなく誘い込まれるのですから、訓練が必要です。誘い込まれやすくしていなくてはなりません。また、今ここで起こっていることについて俯瞰的にモニタリングするスキルも必要です。舞台の主人公が突然始めた台本に、相手役として即興的についていき、かつ舞台監督としてその台本にはどんな物語が書いてあるのか、吟味しなくてはなりません。

今、BGM（バックグラウンドムービー）のユーチューブでは、ジミヘンのライブが流れています。彼のライブパフォーマンスは大変に素晴らしく、スタジオ録音の楽曲とはかなり違う、エキサイティングなギタープレイも、ユーチューブで見ることができる時代になっています。

ジミヘンは、オーディエンスの反応を、すなわちオーディエンスが彼のギタープレイを体感する中で掻き立てられた物語を俯瞰的に読み取りながら、すなわち台本を読みながら、しかも他のメンバーの物語も読み取りながら、次の音を生産的に生み出していきました。

それは二十七歳で、ドラッグで死に至るほどに、自分をハイにした上でなされたことに言及したいと思います。どれほど、心身を削る作業だったことかと思います。ミュージシャンとしての実感として、楽譜通りに定型的に歌うということとは、かなり違います。ウマいミュージシャンというのは、ヒア&ナウに敏感です。今ここで、観客との間で起こっている物語について機敏ではないといけない、のですよ。

＊ちなみにワタクシは、ドラッグに頼ってはおりませんよ。そうしないで済むようにと、長年訓練を続けてきましたから。

狭い意味での逆転移体験について

フロイト先生の時代、逆転移といえば固く戒めるべきものとされていました。

??

前節では、現代の精神分析では重要な情報源となると書いたくせに！　そうです、現代の精神分析では、です。

我々は常日頃はスクリーンとしてではなく，ごくごく普通の一般人として生活しています。人間関係のとり方も、人それぞれですし、人に対する好き嫌いも当然あります。そんな我々が面接室に入り、クライアントに向き合った時に、その好き嫌いがクライアントとの関係に交じりこんでしまう場合があります。我々の側の通常の人間関係での好き嫌いやその他が、面接室外から分析家によって持ち込まれてしまうことを、狭い意味での逆転移体験と呼んでいます。

フロイト先生は、それを深く戒めました。

例えば特定のタイプの人にだけは、つい親切になってしまうようなことだったり、つい冷たい態度をとってしまうようなことであったりします。それでは、専門家としてはダメですね。あらゆる専門家がそう期待されているように、どのようなクライアントに対しても契約を交わしたのであれば、全力でコトを運ぶべきだと考えております。

順番としては狭い意味での逆転移の方が先に俎上に載せられました。それでどうすればこの逆転移が起こるのを回避できるのか、ということになり、分析家は自分自身がクライアントに向けている感情に自覚的にならなくては、ということになったのです。フロイト先生の時代はこの狭い意味で用いていました。

やがて時代が下って、相変わらず分析家は自分自身がクライアントに向けている感情に自覚的に、ということは続いたのです。ところが本書の最初の方で触れた、精神分析の対象とするクライアントの拡大が起こりました。パーソナリティー障害という診断を受けるような人たちや子どもたちへと、です。子どももモチロンそうですが、パーソナリティー障害という診断を受ける人たちには、適切な大人のような人間関係を取ることが難しい場合があります。

子どもでは何が何でも言い分を通そうと我を張ったり、さまざまな喜怒哀楽の感情表出があって、その感情が思わず伝染してきてしまったりしますね。また大人では、適切な距離感を保てずに、グイッと相手の懐に飛び込んでこられたり、自分では抱えきれない感情を伝えようとして我々の中に投げ込んで来たりといった方もおります。セッションによっては、「死にたい」という気持ちや、むやみやたらと爆発しそうな怒りなどを、投げ込まれてワタクシも一緒になって体験するようなこともあります。そんな時は、マイリマシタ！　とさえ思いますね。

分析家がクライアントや子どもとの間で体験している感情を、共感のための道具として、跳ね返さずに受け止めていこうということにもなったわけです。もちろん、日常的な自分の人間関係の好き嫌い等が紛れ込んでしまわないように、引き続きクライアントに対する自分の感情を自覚的にとらえていくことが肝要であることには変わりません。

料金を頂くことについて

精神分析では、きちんと対価を頂くことになっています。

精神分析の専門家として、専門的な立場から話をお伺いしているので、当然のことです。

それが、キリスト教などでなされる懺悔や告白等との違いです。近所のオジサンに相談するのとの違いです。キャンセル料という考えもあります。ですから、都合でお休みになられたクライアントからもきっちりと、キャンセル料を頂きます。何もしていないのに、ずるいじゃないかと考える方もいるでしょうが、そこはきっちりと頂きます。

我々は専門家としての時間を売っていると考えています。

その時間を買いたいという人が他にもいるけど、あなたに売ったのだから、キャンセルしたらそれでも料金を頂くのは当然と考えています。以前から飲食店に対する無断キャンセルやドタキャンの問題が、報道番組等で報じられていましたね。「三千円コース十人で予約していたグループが無断キャンセルで､お店は大変！」なわけですよ。材料も準備して、飲み物も冷やして。他の客は断っていたのに、なんと来ない、あれと一緒です。

飲食店もキャンセル料を取ればいいのにと、個人的には思います。

毎回、セッションの後にお金を頂く。なので金の切れ目が縁の切れ目、ということも切実に生じていきます。

コロナ禍の下では、収入が激減した方もおりました。精神分析がお役に立てそうだからと始めたにも関わらず、お金が続かずに中断させて頂いたクライアントがおり、本当に申し訳ない気持ちになったこともありました。じゃあ、無料でも続けてあげれば良かったじゃないかと言われる方もおられるもしれませんね。

あらゆる専門職に共通していると思いますが、無料で行うと必ず、専門性を喪失していきます。そのスキル、専門的知識はタダで手に入れたわけではないのです。ワタクシたちは、そこで得られる料金で生活をしているのですから。ボランティアではお米もパンも買えませんし。

心理療法家なのだから、相手の身になる仕事なんだから、クライアントの身になって、無料でやってあげてもいいのではないか、「優しくないな」と思われるかもしれません。それは素人考えですね。我々は職業として、これを行っております。デパートで品物を無料で配ったら、どうでしょう。ビジネスとして成立しません。社員に給料が払えません。なくなった品物を補充するための予算もありません。ビジネスとしては破綻するでしょう。

ワタクシたちにだけ、優しさを押しつけないで頂ければと考える次第です。私立学校が教育ビジネスであるというのと同じくらいに、私共はビジネスを行っているというわけです。

精神分析的心理療法家の、一セッションあたりいくらの時間を買うのかどうか、です。飲食店ごとに同じ名前の料理でも、価格が違うことがあるように、我々の時間の値段は違います。その値段に見合う仕事をしてくれるのかどうか、美容室を選ぶときのように、お考えになるとよいかと思います。おそらく長いお付き合いになるかと思いますので、資金は十分かどうかも考える必要があるでしょう。相性や好みもありますので、そこは消費者としての買い物感覚が問われることになるでしょう。

我々が、「どのミュージシャンのライブを見に行くのか」のと同じように、チケット代金を調べて買うのかどうかを決めるのと同じなわけですよ。たいていの場合は、導入期を経て本契約ということになりますので、話を聴いてもらわれて、本契約をするかどうかお考えになるとよいでしょう。押し売りはいたしません。買うのかどうか、決めるのは自分です。決めたら、ライブと同じです。楽しまなくては損ですよ。十二分に心理療法を楽しんでください。ミュージシャンのように言うならば「楽しもうぜ！　一緒にこの時間を！」ってなわけです。

我々は、ミュージシャンと同じで、大体の自分の「チケット代」を知っています。偉い先生だからと臆することはありません。連絡を取られたら、臆せずに値段を聞いてください。ミュージシャンのように、自分のライブパフォーマンスがいくらなら売れるのかどうかは分かっているハズです。お客さんが来なければ、ビジネスとして成り立たなくなるのもミュージシャンと同じですし。

精神分析が治療目標や治療のねらいとすること

一言で言えば「魂の開放」ということをねらいます。我々のこころはどこか不自由です。反復強迫のことを既に書いていますが、我々は誰もがどこか、何か不思議なことに縛られています。「どのように、何に縛られてこんなに不自由なのだ」と感じるところに、困り感が生まれます。そしてその困り感があるからと、ワタクシどものところを訪ねておいでになられます。

そこで専門家として「この困り感ってどんなもの？」ということを明確にしたり、「どんな仕組みがあるのでしょう?」と問いを立て、しっかりと考えていくのです。反復強迫として何度も、あるいはあちらこちらで繰り返しておりますので、専門家とともに自分という事例について、事例研究を行うということでもありますね。

するといろんなことがわかっていくものです。状況Aならあかんが、状況Bならよいとか。するとさらに「AとBでは、何がどう違うのだろうか」と、また問いを立てて探っていくのです。

また、「それはいつごろから、そうなのでしょう?」と。この問いは先に述べたように、退行促進的でもありますので、それが始まった頃のこころが活性化されていきます。もちろんすべてが蘇るわけではありませんし、蘇ってしまうような場合は、とても危ないことが起こりやすくなると考えて、精神分析とは別の治療法を提案することになるでしょう。アナライザブルなクライアントではないでしょう。精神分析はそう考えます。

これを先に述べた治療構造を守りながら、催眠療法の時代のように一気にやるのではなく、徐々に、淡々と行っていく。これもすでに述べた無意識の領域に関わることですので、なかなか時間のかかる作業となります。それを精神分析家という専門家とともにおこなっていくのです。治療同盟というものが専門家との間で結べていれば、少しずつ何かがわかっていく、発見していく体験となるでしょう。喜ばしい体験や染みるような体験がもたらされることかと思います。

そしてこころの自由さが日常でも担保されるようになったころに、終結ということが訪れます。卒業するのです。喜ばしく思いながら。ちょうどこれまでのいくつかの卒業式がそうであったように、です。

治療同盟について

治療同盟って、不思議な言葉に思えますね。

薩長同盟か？ みたいな。

治療のために分析家とクライアントが契約の上、取り結んだ同盟関係のことです。すなわち「アナタとワタクシは味方同士だよ」という状況が訪れれば、治療同盟が結べたということになります。「これから長い旅路になるけど、山あり谷ありだけど、頑張ろうぜ！ なあ、バディ!!」てな感触が手に入った状態と言えるかもしれません。

陸上自衛隊にいたこともあるという作家の浅田次郎氏によれば、このバディとは行動を共にするという間柄であり、私生活でも行動を共にすることも多いのだとのことです。そういえば、福岡の街中には、ガタイのいい若い二人組の外国人男性が歩いておられるのを、繁華街で見かけることがあります。おそらくは佐世保や岩国辺りのベースから、当地にはナイ、ショップに遊びに来ていると睨んでおります。心理的に不快になる人間の距離が、日本人に比べればかなり遠いという欧米の方、かなり近い距離で歩いておられるようです。

精神分析も山あり谷ありです。

分析家の方が、謎の病気にかかってしまう可能性や、交通事故に遭ってしまう可能性もあります。分析家によっては、長い夏休みをお取りになる方もおります。長い不在の時間があったとしても、必ず休み明けにはお会いしましょうと信じられるような状態のことをさして、治療同盟を結ぶことができたということになるわけです。

思ったようには進まずに、またヘンな人間関係の取り方が転移されてきて、険悪な人間関係となるような局面だってあり得ます。かつての険悪な母子関係が、そのまま転移されてくる、ですとかね。「管理医が、言うことを全く聞いてくれない！」と、言うことをまるで聞いてくれなかった母との関係が、そのまんま管理医やワタクシとの間に転移するようなこともあります。

こんな時はひとしきり話し合い、「それはお母さんとの関係の取り方が転移されている」ことがお互いに納得できたら、治療破壊的になることなく事なきを得るでしょう。山あり谷ありだから、ちゃんと話し合っていこうぜというわけです。

洞察について

ハナシを聴いてもらい、最適なアドバイスを貰える。これはコンサルタント契約をしているワタクシの経営コンサルとの間では当然のことですし、それに見合う対価はお支払いしています。この手のビジネスの基本かと思います。そのための契約、そのための対価です。

心理療法はそうではありません。無暗にアドバイスしません。「それは心理療法ではなく、カウンセリングだよ」とカウンセリングとの差別化を図ったりもしますね。どちらも同じくクライアントのお話を聴いて、何らかのことを行う職業ですし、学生相談等の現場では的確なアドバイスを行うために、数時間も、場合によっては日をまたいで「明日、あさイチで」というようなことも多々ありました。カウンセリングとして。

心理療法では、比較的長期にわたって継続的にお話を伺います。

そのうえで、「どうすればいいのか」を**クライアントご自身が発見していかれること**をねらうのです。基本的にクライアント自身のことはクライアントが一番ご存じであると考えるのが前提です。

私どもは、クライアントが困っておられて、目の前で話したいということに耳を傾けて聴いてはいるけれども、どうしたら困り感が無くなり、クライアントが元気になっていかれるだろうかということは、語られていることをもとにして一緒に考えていくしかないと考えております。

心理療法一般に対する基本的な誤解だと思いますが、**心理療法家が答えを知っていてそれを伝授してくれる**

わけではありません。化粧品などの「カウンセリング」との違いですし、一発勝負でここでこの部屋から安易に帰したら死んでしまうかもしれないという救急外来的な学生相談との違いです。

化粧品にしても学生相談にしても、面接を終えてこの部屋を出て行かれる時には、相談にお見えになった方が、それなりにやってきたことに満足して、やるぞ！と何らかの行動指針を得ないことにはハナシにはなりません（学生相談は、もういい!!というくらいの経験がありますので、別途書物を書いてみたくなりました）。

誘導も示唆もしません。

すなわち「こうしたらいい」というような自分の考えを押し付けることはしないのです。あれやこれやをクライアントからの情報を基に、考えて考えて、そして一週間か二、三日かの間を置いて、またともに考えていく。そしてクライアントが最適解に近いものを発見していくように支援していくのです。

それは世間的には「え？」というものかもしれませんし、当初クライアントがありそうなこととして想定していた、あるいは経験値の範囲内でセラピストが想定していたものとも違うものかもしれません。クライアント、セラピストともに腑に落ちる、すっと腹に収まるものを目指していることになります。しかもクライアントが発見するので、「そうだ！」という感覚が伴うものです。だから洞察、なのです。とある精神分析の先生は、この洞察を「Aha-Erlebnis 体験」と述べておられたとか。アルキメデスが、風呂場につかってアルキメデスの原理をつかんだ時の「エウレカ！」体験になぞらえたことを引き合いに出す方もあります。

精神分析では、そこを目指しています。

これは『保育所保育指針解説』や『幼稚園教育要領解説』で、保育や幼児教育の基本として書かれていることの一つである、「幼児の主体性を担保する」という仕組みと相似形だと考えています。何が面白いのか、楽しいのか、それを見出すのは幼児本人であるという考え方です。

もちろん社会性やルール、マナーなど教えてもらわないといけないことも多々ありますので、現場ではそうしています。ですが本当の意味で、当該児に納得されて腑に落ちて自分のものになるのは、あくまでも当該児の「主体性が担保されている」ところでしかありません。社会的なルールやマナーなど、出発点が「やりたいようにやる」という乳幼児にとっては、危険な場合では「大人に、言われているからそうする」であって、本当の意味で「あ。こうしなきゃね、お互いに」ではありません。

「自分がされて嫌なことは、人にしない」というのは、小学校以来の学習指導要領の基本の一つであります。特に小学校では教員のなり手が減っていると聞いています。主体性が担保された状態であってこその「自分がされて嫌なことは、人にはしない」です。数十人と生活をともにする中でのこの営み、相当程度にムツカシイことかと申し上げておきたいと思います。

クライアントに「あー、ナルホド！　そうよね～」そして「おう。そうやそうや、それっタイ！」という確信が得られる。精神分析ではそこを目指して営まれるのです。幼児教育を始めとして公教育としては中学校卒業に至るまで、十数年にわたって仕掛けられることを目指しているともいえます。ね。

終結について

ワタクシたち心理療法家は、別れるために出会い続けているようなところがある、と思うことがあります。そのために治療構造をしっかりと守り、万端の準備をして、ちゃんと料金に見合った体験をともにする訳です。必死になって出会っているとも言えます。

矛盾したことを書いているように見えるかもしれません。

別れるために出会う。

終結について、ワタクシの個人的な経験を書いてみます。西園先生との訓練分析がいつどのように終結となったのかを振り返ってみますね。

いろんなことが考えられるようになり、いろんなものが見えるようになったり、聴こえるようになったり致しました。もっとハナシを聴いて頂きたいとますます思うようになった頃に、終結となりました。切断、です。その後、「あんなことやこんなことも話しているので、気まずい」と感じて遠ざかっていた西園先生の主催する福岡精神分析研究会にも、再び参加するようになりました。週に一度の先生との時間が無くなり、そういう意味では訓練分析が始まり、それが生活の中心となっていた時期の前の生活に戻っていきました。

ただし、人間関係のとり方は随分と変わったようです。それに伴い、色々な変化も生じていきました。「何で、まだ話したい盛りだったあの時期に、切断されたのだろうか」との思いも続き、そのことについても考える生活となったように思います。

その後ライフサイクルも進み、いくつかのライフイベントも、教員としてのポジションや役割も次第に変化していき、ついには大学も離れて今に至るわけです。折に触れて分析を受けたという体験を振り返り、そして「何で、まだ話したい盛りだったあの時期に、切断されたのだろうか」と考え続けてきました。

今考えるのは、このように自分で問いを立て、考えるという習慣が身についた時に終わったのではないかということと、先生との関係で生じた変化が先生の部屋から外へと、かつてエルビス・プレスリーが、地元の街で評判となり、街から街へと全米を、あるいは多くの国へとツアーを組んで回っていったように転移していったことが確認されたときに、終わりを迎えたのではないかということです。

すなわち西園先生は、ワタクシと別れるために毎回出会ってくださっていたのではないかということです。この節の冒頭で、別れるために出会うと書きましたが、自分がこの人にとっては、もう必要ではないなと観察できたら終結とするという訳です。何しろ料金を頂いているので、必要のないことにはお金を求めてはいけません。先生もそうお考えになったのだろうと推察しております。

自分自身との関係で起こったよいことが、面接室の外にも転移されてヨイコトが起こるようになる。さらには、訓練としては自分で問いを立てるという自己分析も始まった。そんなタイミングでワタクシの精神分析は終了したのです。

どんな形で終結を迎えるのか。百通りの事例があれば、百通りの終わり方があるでしょう。個人的には、訓練として精神分析を受けるのではなければ、ご本人の困り感がなくなった時だと考えています。困り感がない、ならば困ってないわけだから、料金を頂いて精神分析的心理療法を行う必要はないと考えるわけです。こころの無意識の領域に横たわる産廃のようなものの山が、隅々とまで分析されつくしてはいないかもしれません。精神分析家が専門家として、自己分析を訓練分析後も「終わりなき分析」として続けていくのとはまた事情が違います。

困り感がなくなれば、お別れです。だからお別れするために出会っている、ということです。

卒業と再入学について

ただし、いったんそのようにして「卒業」されても「再入学」してこられる分には、ウェルカムです。ワタクシとの間では「それは何故なのだ？（例えば、何故にそんなものが見える気がするのだ？　とかです）」という精神分析的にはスルドイ問いが立ったままに、困り感は無くなってしまい、終結とする場合があるのです。

例えばライフサイクルの青年期の終わりに一度、そして四十代にまた再びといった具合に異なる困り感によって精神分析という営みを求めてこられるようなクライアントもおります。青年期の終わりということならば、アイデンティティの確立をめぐる困り感かもしれません。すなわち「オレ／ワタシの人生は、これでやっていくぞ！（それでいいの？　という迷い）」に関する困り感でしょうか。「おう。よし、これでいくぞ！」ということに相成りましたら、困り感がないわけですから終結です。

四十代に再び、ということであれば、これも例えば「スキルもそれなりに身に着いたし、護るべき家族ももった。この領域でさらに精進してさらに先へと行くぞ！（いけるの？　ほんとに？　という不安や迷い）」といった困り感ということになるのかもしれませんね。ウェルカムです。おまけに十数年経ったら、こちらも精神分析に関わる経験値が上がっており、かつては立てることができなかったような問いを立てるのですから、「それは何故なのだ？」というスルドイ問いがクライアントとの間では立てられてしまったりします。

とはいえスルドイ問いも、精神分析的心理療法家としてのワタクシとの間で立っているだけです。心理療法としては、困り感が解消することをねらって関わっているのですから、段々と困り感は減ります。困り感があるから話を聴いてほしい。というのと、自分自身を知るために、精神分析家とともに話し合い、問いを立て、ともに考えるという営みを行う。というのは同じことではありません。精神分析家が、自分自身を真に解放することを目指して延々と続けていく精神分析や自己分析を、業界外の人に求めることがあってはならないのです。

＊自分自身を知り、自らを反復強迫から真の意味で開放していきたいというクライアントであれば別、ですが。

週に一回から数回精神分析家の下を訪れ、時間とお金を費やす。これはこれで心が軽くなっていくという効果をもたらすでしょう。でもでも。人生を送っていくうえでの楽しみはそれ以外にもありますね。旅行や趣味、家族との時間、飲食やいろいろな楽しみがあるハズです。困り感が減っていく中では、精神分析以外の楽しみにも目が向くようになるでしょう。修行僧のように、己を解放するまではと精神分析に邁進する、というのもちょっとヘンですね。

精神分析が進んでいくと、見えないものが見えてきたり、聴こえなかったものが聴こえてくるようになる体験をもたらします。物事や状況がよく見えたり、聴こえたりするというわけです。ムリなことはムリだとわかってきますし、無駄なことは無駄ともわかってきます。現時点ではそこまで必要性がない、すなわち優先順位が低いことは後回しにする、というワケで精神分析という営みからは離れるということも当然あります。

人は、ライフサイクル上の課題やライフイベントを契機として困り感を持つことがあります。その困り感を契機として精神分析的心理療法に二、三年取り組まれ、困り感が減じればまた、日常生活や社会生活を楽しまれ、心ゆくまで人生を謳歌して頂ければと思います。精神分析をし尽くす、という状態ではないかもしれませんが、それはそれでよいかと思います。

最近は、医療全般でも入院期間の短縮化が進んでいると聞きます。完治するまで入院して治療するスタイルから、家庭で日常生活を送り、社会生活や仕事もしながら治療していく場合もあるそうです。適宜通院や、場合によっては再入院も必要かもしれませんが、そこはかかりつけ医と話し合いながら進めていくのでしょう。「～病」という病気は残っているのかもしれませんが、その病気とはうまく付き合いながらということですね。医学の進歩もありますので、所々で新しい治療法や新薬を試しながらも、ということなのでしょう。

精神分析もそれと同じ、というワケです。

「病気」そのものは残っているのかもしれません。年齢が進み、ライフステージが進むなかで、あらたに困り感が生じてこられたら、お待ちしておりますよということです。

架空の精神分析的精神療法過程

では最後に、大まかにはこのような経過を辿ることが多いということで、精神分析的心理療法の過程を書いてみますね。

事例を提示する際に何度も書いていますが、これも全くの創作です。

事例D氏：四十代男性。とある領域の研究職。未婚。

原家族：代々続く商家の一族であるが、長男であるDは跡を継がずに、とある領域の研究者として頭角を現し始めていた。父母、弟の四人家族。本人としては、商家の後継ぎを弟に押し付けてしまったという思いもある。

成育歴：乳幼児期の発育は良好で、商家の長男として大切に育てられた。しつけを行うにあたっては、強迫的なところもある母親が、ちょっとそれはきちんとしすぎだろうというほどの勢いで行ったという。Dは、大好きな母親の言うことをよく聞く、いい子だったとのこと。幼稚園の頃から昆虫採集など、ものを集めるのが趣味だったとのことである。

小中高とほぼ問題なく、過ごしてきた彼は優等生でもあった。とある領域の研究に関心をもち、その方面の研究職を目指すようになった。「この時代に長男が跡を継ぐということがなくてもよい」という父親の了解を得て、その領域の大学学部に入り、さらには大学院に進学して研究職を目指すことになった。

ポスドク問題が言われる中ではあったが、運よくとある研究機関に就職することもできた。彼の性格には、強迫的なところがあり、その性格をうまく利用して研究を続けていたようなところがある。ところが事件は起こった。コロナ禍である。

「感染するのでは？」という不安がもたげてきた。そのために強迫的に手洗い、うがい、スプレーシュシュシュ！という状態となった。「三密を避ける」。この辺りまでは、まあ普通である。日本人としても素晴らしい。次に日本全土に緊急事態宣言が出された。Dの心中では「感染するのでは⁇」と不安がいや増した。しつけにあっては親の言うとおりに従い、汚いものは清潔に、トイレの後はおしりをちゃんと拭く、当たり前のことだがそうしてきたし、今もそうしている。

次の事件は、あのマスク不足騒動から始まるトイレットペーパー不足騒動である。

今振り返ってみれば、マスク不足は分かるがなぜにトイレットペーパーが？と思うような事態であり、明らかに世間全体が「集団ヒステリー」となっただけの話だが、D氏はこの「集団ヒステリー」に感染してしまったのである。

D氏は、日常的に過剰に衛生に気を配り、過剰に三密を避け、過剰にお尻も拭く（しかも、ペーパーが足りなくなってしまうかもしれない、どうしよう？）という事態となって、不安に耐えられないということで、精神科クリニックを受診することになった。そこでフリーランスで仕事を受けてきたワタクシの下に、精神分析的心理療法の適応ということで管理医から依頼を受けて、精神分析的心理療法を始めることになった。

理科系の研究職であるだけあって、いわゆる強迫神経症の当事者としての自覚はある。精神科医の治療方針も理解している。頭では、この過剰な行動や不安がエビデンスに対応していないということも理解できてはいる。だが、しかし止まらないのである。「もう、どうにも止まらない！」であるのだった。

ワタクシとの数回のインテーク面接を受け、医師と同様に強迫神経症であろうという見立てにも了解し、契約を結んで週に一度、一セッション五十分、九十度法という治療構造にて、有料で精神分析的心理療法を始めることとなった。

【導入期】開始から約半年ほどまでの間

彼は、約束の時間には「オミゴト！」というしかないくらいにジャストオンタイムにてやってくるという人であった。しかもいつ時計を見ているのかわからないくらいに、オンタイムで終わるという芸当の持ち主でもあった。オンタイムでやって来ては、自らの症状について苦しそうに訴え、やがて「なぜ、そこまで苦しいのでしょうね？」というワタクシの問いかけが響いていくようになってきた。なんてたって苦しいのである、彼は。ワタクシはその苦しみに共感はしつつも、なぜにそこまで？という違和感を抱かずにはいられなかった。

その苦しみは受け止めつつも、なぜにそこまで？とまず考えることにしたのだった。彼の研究の話は面白く引き込まれることもあったが、また、強迫的だからこそ研究者として立つことができたのだろうという理解も伝えた。「しかしなぜだろう、なぜそこまでに」とワタクシの問いは立てられ続け、やがて「それはいつからでしょうか、その強迫的なところは？」という問いを立てることにつながっていった。

【治療的退行が進んでいった時期】導入期を経て、二年ほどの間

彼は、ますますオンタイムとなっていった。

しかしコロナは続くよいつまでも、もはや第八波となっていた。

「お話しになりたいことを、お話しになりたいところから、お話しになりたいペースで、話したいだけ、どうぞ」とワタクシが伝えているもんですから、あちらこちらにとハナシは飛びますが、異様なくらいのオンタイム切断は彼主導で続いています。

「感染者はいまだに増えている！」ワクチンは三回打った！　四回目もモチロン一番で!!　三密どころか、四密？　五密?? だってカモンカモン！　モチロン研究だってしなくては、衛生管理に長いトイレ（拭いても拭

いても○をぬぐえた感じがしない、だって見えないんだもん！）、感染対策アレもしなきゃこれもしなきゃって一日二十四時間では足りない、そうだ寝なきゃヨロシイ、と最後のはワタクシ止めておきましたが、次第に彼の中にある独特の優先順位のつくられなさというものが見えてきました。

アレとコレとをという時に、アレしてからその後にコレをという具合には考えることができないわけです。治療的退行が進み、彼本来の姿が目に入ってくるようになったわけです。何しろ子ども返りでもありますので、優先順位をつけなければならない事態にあっても、固まってしまい、その結果として、何らかの結果を生み出すことができない（アレしてコレしてたら、終わっていたハズの時間になっても）ということが起こり始めました。

この事態が語られるたびに、ワタクシは「何が起こっているのでしょうか？」と問いを立て、事態を明確化していくようにしていきました。優先順位がつけられないという仕組みについても、何度も共有していきました。そしてさらに、「優先順位がつけられない。それはなぜでしょう？」という問いも立てていったのです。「どちらの方が大切なのでしょうか」と確認することも含めて、です。繰り返し繰り返し、です。事態をワタクシという専門家とともに検証していったともいえます。

その中で次第に彼の中には、一方を優先して他方を後回しにすることに対するためらいがあることがわかってきました。「申し訳ない」と思うのだということもわかっていきました。

【自己理解が進んだ時期】約一年

ヤミクモに思える彼のこの「申し訳ない」について、「それはいつごろからでしょうか」とさらに問いを立てることが続いていきました。次第次第に、彼の弟に対する思いの中に、ズーッとその思いがある、ということが明らかになっていったのです。長男である、先に生まれたというだけであるにもかかわらず、「長男だから」と周りにはちやほやされるという人生を彼は送ってきたというのです。

長男だから長男である、というのは当たり前のところではありますが、何しろ代々続く商家の長男です。おそらくは跡を取るだろうと、それはそれは大事にされていったのです。中高生辺りまでは、半ば自分はやがてはこのD家という商家を継いでいくのだろうと考えてはおりました。しかし高校生の辺りで友人から言われた一言が一つの転機となり、彼は次第に芽生えていた研究への道へと進む決意をしました。友人曰く「お前のところはあくどい稼ぎの仕方をしている」と。

何しろ商売ですから、稼ぎが出るようにと取引を行っているだけなのですが、青年期に入り自我に目覚め、何が正しくて何がそうではないのかということについての意識も高く、大学進学にあたっては、自分が関心を強く持っていた領域の学部へと進み、大学院で博士号も取り、そして弟に商家を「押し付けた」形にもなったのです。

ワタクシとの精神分析的心理療法過程で、彼の申し訳なさは、弟が生まれてからずっと抱いていた弟に対する罪悪感であることが明らかになっていきました。

【終結を迎えるまで】約半年

先に述べたような気付きが得られてから、Dは日常生活や仕事上での優先順位をつけていくということを意識して行うようになっていきました。仕事もウマく回るようになりましたし、「コロナももう五類相当だし」ということになっていますので、コロナに対する過度の不安も相当に収まっていったのです。「インフルエンザと同じなのだから、過度に恐れることなく、正しく恐れるのだ」と同僚にも説いて回ったり、されてます。

あと弟さんと、コミュニケーションをよく取られるようになったとか。実家に戻った際には飲みに行き、あれこれと研究のハナシをしたり、商売のハナシをされたり、とか。もちろんおなじみのお店には、弟さんとの連名での焼酎ボトルキープ、です。もちろん割り勘で飲食をともにして楽しむ。

弟さんとのやり取りを楽しまれることが始まったあたりから、彼自身で自らの例の罪悪感について、自ら問いを立て考えるということも始まりました。終わりなき自己分析が始まったのです。そのことが確認できるようになって、ワタクシは終結を提案しました。「いや、まだ分析しきれていないのに」という彼の不安もありましたが、「いやいや、分析に嗜癖するのはよくないのですよ」とフロイト先生の「終わりある分析と終わりなき分析」（一九三七年）の論文を読んでもらったりしながら、最終的には円満裡に終結となったというところです

以上。めでたしめでたし。

第二部

精神分析的な発達論

第二部まえがき　精神分析的発達論について、まずひとこと

世間の皆々様からは、エディプス・コンプレックスを始めとして、精神分析的な発達論についてさまざまなご意見があるのは、承知しております。

そもそも「エディプス？　何やそれ？」と最近仲良くなれそうな気配がしている小・中学校の同級生から言われそうです。となると、「いやギリシア神話のね」と話さざるを得なくなり、当方もギリシア神話をそんなに知っているわけでもなく、しどろもどろになってしまう。大抵は「ま、またいつか教えてね〜」（大学教員だった男は面倒くさいなあ…彼のこころのつぶやきです）と相成ってしまう。単なる三角関係の話なのに、誰がエディプス・コンプレックスだなんて名前をつけたのだ？　また日本語では劣等感の意で用いられることの多いコンプレックスだなんて、現代日本の一般人には到底通じないぞ!!! と、まあフロイト先生が名付けたんですけどね。

フロイト先生は、精神分析という心理療法を創始しました。そして第一部で書いたように書き魔であったフロイト先生の全集には、現代社会で通用している心理療法のエッセンスが、おそらくすべて書いてあろうかとも思われるほどの方です。ですからエディプス・コンプレックスはエディプス・コンプレックスというしかありませんね。でも、この名前が現代日本人から精神分析を遠ざけているのも事実。「何や、それ？」ですよ。

またまたそれなりに心理学にお詳しい方であったとしても、「父母子の三角関係のことですね」（そんなもん、

ある訳ないじゃん。子どもの性愛？　何や、それ？‥これまた、こころのつぶやき）と返してはくださるものの、その目の奥からはこころのつぶやきの方が聴こえて参ります。どうせどうせ……ってな感じで、オレのやっている精神分析的心理療法ってのは、そんなに皆様には役立たずなのであろうかと一瞬、妄想－分裂ポジションに入ってしまったり。

しかしその妄想－分裂ポジションという精神分析的発達論上の概念だって、一般の方には「え、精神病状態ってわけ？」と誤解を受け、むしろ怪しげな人だと勘違いされてしまいかねません。マイガッ！　ですよ、本当に（汚い言葉を使ってしまい、申し訳ありませんでした。しかしそれくらいに、伝わらない……ミッション系のあの大学の大学院の講義にて、これを毎年やっている）。

いや、単なる三角関係のこじれや何かのことですたい！　とエディプス・コンプレックスについては言いたくなったのが本書執筆の動機の一つではあります。

実は、精神分析的発達論の中で知っておくと、「あら便利！」というものがあります。

男女の間の三角関係だなんてのは、あちらこちらにありますね。であるからこそ、恋の歌や愛の歌がある訳ですし。またきょうだい間のきょうだい葛藤に基づく三角関係だって、あちこちに。厚生労働省編『保育所保育指針解説　平成三十年度改定版』の「保育の内容―人間関係」の箇所を持ち出すまでもなく、カインとアベル以来続くというきょうだい同士の葛藤に基づいた三角関係です。

あとあと。金メダルや優勝旗、チャンピオンフラッグという頂点を目指して、あちこちで繰り広げられる勝負ごと、競争ごとに関わる三角関係もありますね。競い合っている二人（あるいは二チーム）にとって、「勝ち」となるのは一方だけです。すなわち「勝ち」をめぐって三角関係となっている訳です。

人というものは、この三角関係をうまくはこなせない、ことが多々ある。これを書いている二〇二二年では、勝利をめぐって二つの国が戦争まで始めてしまいました。国民は両国ともに大変な思いをしていることかと思います。遠い日本の国から眺めていても、人が死んでしまったりモノを壊したりとはせずに済ませられないものだったのか、深く考えざるをえません。

エディプス・コンプレックスと称して、精神分析は数多くの三角関係について取り組んでまいりました。一人ひとりのクライアントとの間で、です。クライアントとの間で、臨床的な研究として得られた知見をもとにです。ですからこの三角関係について、とても詳しいわけですよ。その蓄積を基にして、フロイト先生以来、精神分析的発達論を構築してまいりました。

映写機やビデオが発明され、記録動画が残せるようになってからは、母子関係や父母子関係、父母子きょうだい関係等々の観察研究が可能となりました。「精神分析的発達論とは、全く科学的ではない発達論である」との誹りがあるとすれば、科学的なメソッドに基づいて検証していこうではないかというわけですね（マーガレット・マーラー先生やダニエル・スターン先生、ありがとう！と思います）。

科学的であるのかどうか、臨床家にとってはあまり意味があることかどうかはワカリマセン。こころが落ち着いていったり、元気になれたり、穏やかに過ごせたり、自由になっていけたりということを精神分析は目指して臨床に取り組んでいます。第一部を読んで頂いたとすれば、そのことはわかって頂いたことかと思います。

ここでは、フロイト先生以来精神分析が、学として、構築してきた精神分析的発達論のいくつかをピックアップして、以下に説明して参りますね。

尚、以下説明していくことは、世に言う精神分析的発達論についての説明ですが、次の四冊の教科書とされるものに基づいて書きますことを高らかに宣言しておきます。まず『保育所保育指針解説　平成三十年度改訂版』（厚生労働省編）、世の中の保育士は皆これを学んで保育現場へと向かいます。特にその中でも「保育の内容─人間関係」の章に基づいていきますね。何しろ子どもの命をお預かりしている場所、そして人間関係の土台の部分にまつわる箇所です。もし間違ったことが書いてある、としたら危なくて保育所に子ども預けてお仕事へ、だなんてことできないっしょ。

ついで厚生労働省が管轄する国家資格のうち、新しいカリキュラムの下で使われるようになった二つの教科書（保育士、看護師さんたちには、これを教えなさいとされている）です。まずは山村豊・高橋一公著『系統看護学講座─基礎分野 心理学』（医学書院、二〇一七年）。これは看護師さんたち向けです。ついで青木紀久代編『シリーズ知のゆりかご─子ども家庭支援の心理学』（みらい、二〇一九年）。こちらは、保育士さんになる人が身につけておかねばならない子育て支援の枠組みを知るためにと学ぶものです。今や、社会全体で子育て支援を行う時代、です。そんな時代にはマスト！　と厚生労働省は考えているとのことです。

最後に繁多進監修、向田久美子・石井正子著『新 乳幼児発達心理学─もっと子どもがわかる好きになる』（福村出版、二〇一〇年）。ちょっと前まで禄を食んでいた大学で使っていた教科書です。私こと、保育者養成校での仕事を二十数年にわたりやっておりましたが、あれこれ教科書を使う中でたどり着いた一冊ですね。精神分析、だなんてものを専門にやってはいない心理学の先生も「これはいい！」と講義で使っておられます。そういう意味では、エビデンス・ベイストの心理学者のお墨付きでもある、というわけです。

さて、さて。

どこから参りましょうか。

第一章　妄想―分裂ポジションと抑うつポジションについて

いきなり、何じゃそれってことになるかもしれませんが、ここから始めさせてください。

厚生労働省編『保育所保育指針解説　平成三十年度改訂版』（以下「解説」）によりますと、この世に生まれ落ちた子どもが最初に関わりを持つのは、養い、護るという意味での養護的な人間との二者関係です（学校におられる養護教諭の先生とは関係ありませんので、ご注意を）。養護的とはこの場合、生まれ落ちてすぐの頃といえば子どもは自分で何一つできませんね。栄養摂取、体温調節、排せつ等々、子どもをお育てになった経験がおありの方ならばおわかりの通り、手がかかります。

精神分析家で小児科医でもあったウィニコット先生は、この時期の母親はあたかもすべてをこの乳飲み子に没頭して生活を送るかのようであるとして、その状態を「原初の母性的没頭（primary maternal preoccupation）」と呼びました。本当にお母さん、ありがとう！　です。あなたが養護的であり、自分の睡眠を犠牲にしてまでお世話してくれたおかげで、今のワタクシがあるってなもんです。

お世話だけではありません。重要な「人的環境」（「解説」ではこのような表現をします）として語りかけ、あやし、遊ばせてくださったそのおかげで、自己肯定感などの基本的情緒が身につき、言葉を紡ぎだし、そして考え、行動するという人間としての基本的なこと、また社会性といったものも身について、今がある。といっても過言ではないですね。いろんな場所に連れていってくださり、危険から護ってくださったおかげです。

ありがとう！　お母さん（終わり。ではない）。

その養い、護ってくれるはずの養護的な大人が、もしそうではなかったらという話です。どうでしょうか？

お乳が飲みたいと泣いている時に放置。オムツが濡れたと泣き喚いている時に知らんぷり、だとしたら。

赤ん坊にとってはとても大切な安全感、安心感が損なわれるばかりではなく、最悪の場合には死に至ることだってさえあるでしょう。赤ん坊が、ですよ。その存在を全否定されるような体験さえするかもしれません。赤ん坊の心中は察するしかありませんが、消滅してしまうような気分にもなるかもしれません。まさに地獄にいるかのような経験かもしれません。

赤ん坊は自分のこころをまず自分で護ろうとするでしょう。これは本当のことではない、とか。心理的苦痛や身体的苦痛をこころから追い出そうとするかもしれません。そうではないのに、ここは天国なのだよと自分に言い聞かせるかのようにして。人が、このような体験世界にいることを妄想－分裂ポジションに在ることとして指しています。

養護的であるべきところの大人が放置したり、知らんぷりしたりということは程度にもよりましょうが、極端になれば虐待ということにもなります。いやいやそんな、虐待を受けた人ばかりが世の中にいるわけではないよ、だからそういう体験世界って特殊な人に限ったことではないの？　ああビックリした、という方もいるかもしれません。

まず、完ぺきな育児はありえません。

百パーセント、子どものニーズや欲望に応えられているとは限りません。大人にも大人自身の欲望があります。「泣いているけどミルク温めなきゃ」ということもあるでしょう。ベビーベッドに寝かせておいて、その間にささっと自分の食事をということだってありえます。赤ん坊を危険から遠ざけるために、あえて赤ん坊が嫌がることをせざるを得ないことだってありえます。特に昨今では、戦地ではそのようなことが起こり得ているだろうことを想像せざるを得ません。

養護的な大人との関係では、子どもの側からすれば自分ファーストでいられることが肝要だと、「解説」には詳しく書かれています。どのように書いてあるのかと、関心がおありの方は厚生労働省のホームページをググって頂ければ、PDFにしてタダで置いてあります。まあ、自分ファーストというのは、自分中心に考えることを認められ、保証されている状態のことをさします。これはワタクシの造語ですが、おおまかにはそのようなことが書いてあります。であるにもかかわらず、大人にも事情や都合があり、総合的に子どもファーストを達成するために、時には今の子どもファーストを置いておかねばならないことだってあるわけです。

子どもはなんてったって自分ファーストでしか物事が考えられない状態ですから、このようなことは理解できません。天国と地獄があるだけです。

精神分析は、そのような体験世界を妄想‐分裂ポジションと名付けました。児童分析の創始者の一人であるクラインが、子どもとの臨床の中でこのような体験世界を見出しました。それは我々大人の中にもありますね。苦しくて苦しくて、これは現実ではないと思いたくなるようなことは、誰にだってあることかと思います。

例えばご自身にとって、とても大切な人を喪ってしまった時のことを想像してみてください。また、マッチ売りの少女が厳寒の中で、マッチを擦り空想をたくましくしていかざるを得ずに、最後には凍死してしまう物語のことを思い出してください。あの話は多くの人に共感されていると思いますが、彼女は目の前の現実を否認して、幸せな気分に浸っているともいうことができそうです。

このコロナ禍では、ライブ配信だなんてのも流行りましたね。あれはライブではありません。スマホやPC、テレビの画面が見えているだけです。それが最も確からしい現実、です。しかし我々はその現実を無視して、否認してあたかもライブに参加している気分になっているだけです。また映画などに没入して見入る、という現象も同じかもしれません。見えているのはスクリーンであり、画面であるだけです。

しかし、その現実をいったん保留にして、あたかも映画の中の一員であるかのような錯覚を起こさせています。それは錯覚にしかすぎません。この錯覚という、ないものをあると勘違いすることを極めていけば、妄想という言葉を使わざるを得ない状態へと近づいていくでしょう。現実をいったん保留するということを、これまた極めていくならば、精神分析が原始的（大変に子どもっぽいという意）防衛機制と考える分裂排除という状態になってしまいます。なので、このような体験世界のことを、妄想－分裂ポジションと呼ぶのです。

ここで精神分析が、原始的防衛機制として考えているいろんなものについて、表を提示してみますね（表1、『図説　臨床精神分析学』（誠信書房、一九八五年）より引用）。恩師、前田重治先生からは許可を得ております。分裂を始めとして、投射性同一視（現在では、投影同一視、投影性同一化という言い方が一般的となりました）、否認、原始的理想化、価値切下げ、躁的防衛と並んでいますね。お暇なときに、ぜひ一つひとつについての解説を読んで頂ければと思います。よく読んで考えてみれば、「あ、思い当たる」とご自分の言動や誰かの言動について、納得のいく体験をされることかと思います。

完ぺきな育児も、完ぺきな発達もあり得ませんので、我々のこころの中にはどこか子どもっぽい部分が残っています。クライアントの語りを聴く中では、我々はシバシバその子どもっぽい部分の中に、この妄想－分裂ポジションの体験世界を見出すことがある、という訳です。

一方子どもが成長するにつれて、ジャン・ピアジェ（Jean Piaget, 1896-1980）がいうような認知機能の発達が生じていく中では、次第次第に次のようなことがわかっていきます。世の中には全くの天国も地獄もあるわけではない。限りなく世界はグレーなものであって、全くの善人も全くの悪人もいるわけではない、と。

表１　原始的防衛機制

種　　類	内　　容	注
（自我）分裂（Splitting）	対象および自己についての，よい幻想とわるい幻想とを別個のものとして隔離しておく（対象および自己のよい側面が，わるい側面によって汚染，破壊されはしないかという非現実的で被害的な不安のため，両者を分裂した別のものとして分けておく）。	抑圧が「臭いものにフタ」をして，ともかくおさえこむのに対して，分裂は，それぞれ別の箱に分けて入れてしまうこと。
投影同一視／投射性同一化（Projective identification）	分裂した自己のよいあるいはわるい側面のいずれかを，外界の対象に投影し，さらにその投射された自己の部分と，それをうけた外界の対象とを同一視する（自己の願望や衝動を対象に投射し，それを対象の側のものとして認知し，それに対応することで自分の願望や衝動を支配しようとする）。	相手の気持ちを先取りして満たしてしまう（満たさざるを得なくなる）。相手からつい支配されてしまう。ついある役割をとらされてしまう場合などにみられる。
否認（Denial）	不安や苦痛に結びついた現実を否定し，目をそらして認めない（現実歪曲）。	
原始的理想化（Primitive-idealization）	外的対象をすべてよいものとみることで，わるいもの（攻撃性）を否認する（対象のわるい面を否認し，いい面のみを過度に誇大視する）。	「あばたもえくぼ」。魔術的万能的思考と結びつく。
価値切下げ 脱価値化（Devaluation）	理想化していた万能的期待が満たされない時には，直ちに価値のないものとして過小評価する。	
躁的防衛（Manic-defense）	自我は，自己をおびやかすわるい側面の部分と融合することで，万能感的支配を強化し，現実性を否認する（依存対象への支配，征服，軽蔑の感情を生じる）。	罪悪感に伴う抑うつ感情を回避することになる。

大人である読者の皆さんには、このような体験世界を共有して頂けるかと思います。ピカピカの快晴でもなく、全くの土砂降りではない、雲間に太陽が見え隠れするような体験世界です。会社を退職するにあたって一言を、とマイクを向けられた際には、きっとこう思われているでしょう。「いいところもいっぱいあった（だから勤め上げた）が、そうでもないこともあった（残念だけど。あれだけは許せなかった）」と。実際にそれを口にするかどうかは別の問題ですが。

さて、ワタクシは大学を辞める時、どう言ったでしょうか??「サイコーでした」とは言わなかったとは思いますものの。

この体験世界をクラインは、抑うつ態勢と呼んだのです。

妄想－分裂態勢にしろ、抑うつ態勢にしろ、言葉だけを見るならば、かつては精神分裂病と言われていた統合失調症、またうつ病のことを連想させますし、何か特殊な、特別な状態のことのように思われるかもしれませんね。

いやいやそうではありませんでしょ。我々は基本的に抑うつ態勢で日常を送ります。そして時折、妄想－分裂態勢にも入ったりして、「ゴクラクゴクラク！」などと言いながら温泉につかったりしますね。シルベスタ・スタローンがあたかも自分の身に降ってきたかのようにして、ご覧になる方が多かったので、あのランボーが大ヒットしたという訳です。

架空の症例

ここで挙げる症例は、ワタクシがこれまでお会いしてきた特定の人物を念頭に置いて書いているわけではありません。あくまでも架空の人物のことを書くことといたします。もしかするとワタクシ自身の経験に基づいて書いているのだろうね、と考えて頂くとよい、かと思います。

三十代半ばの会社員であるAは、管理職を目前として日々粛々と仕事に勤めていた。うまくいくこともあればそうではないこともある、そんな当たり前のこともすでに体には染みついたことの一つだった。心配事があるとすれば「ツマ」のうつ病のことくらいであり、第一子の出産以来床に臥せりがちな状態であることで、自分も家事・育児に積極的に関わらねばと考えているところである。百パーセントのイクメンであるかと問われれば、そうとは言えないことが気にかかってはいる。

ある日事件は起きた。

意味がないと考えてはいるが致し方のない会議の資料を、役割上作成していたところである。スマホにラインでメッセージが入っているのに気づいた。しばしば面倒なこともあると聞いているので、ツイッターはやらないことにしている。ではあるが、ラインは比較的大丈夫だよと先輩から聞いていたこともあって、家族間の軽い連絡ツールとして使っていた。どうしたことかもうすでに七時間も前に発信された「ツマ」からのメッセージである。

「お父さんが危篤」というのである。「ツマ」は父子家庭で育ってきた一人娘である。遠地に住む義父とは比較的良好な関係を保ててきたものの、遠地に在住であるがゆえに密に交流してきたとも言えない。「コロナか？」、「ワクチンは打ちたくないと仰られていたっけ？」、「そういえば基礎疾患あった！」、「もう七時間も経っている！」、「うつ病のツマは大丈夫か？」、「今朝は、朝ご飯は要らないと言っていたっけ」、「そういえば、抗うつ薬が効かないとか言っていた！」、「そうそう、今朝は眠れなかったとも言っていた」、「おっと会議まであと三十分じゃないか!!」。普段は沈着冷静なAであるのだが、たちまちのぼせあがってしまい次のような考えに陥ってしまった。以下のとおりである。

七時間前の「ツマ」は、ヒドイうつ状態にもかかわらず、義父がコロナ発症のために緊急入院した重症病床へと、何が何でも駆けつけんとして慌てて自分にどうしよう⁇と連絡を入れてきた。ああ！　落ち着いて病院と連絡を取りなさいと言ってあげたかった（でも、言えてない、もう七時間も経っている！）。来るはずの連絡もなく、孤立無援と感じた「ツマ」は絶望し、うっかり台所に洗わないままに置いておいた包丁を目にして自責感のあまりにそれに目がひきつけられたに違いない。となるとその包丁を逆手にもって自らの……いや、息子も共に……おお会議なんて何の意味があるんだろうか？　いやないよ、あるハズがない。何とまあ地獄にいるかのようだ!!

慌てふためいて「ツマ」に電話するのだが、出ない。会社を飛び出し自宅にタクシーで戻った。自宅のドアをガタンガタンと引き開けるとそこには「ツマ」がビックリした顔で立っていた。「どーしたの？」と日内変動もあってか不安そうな様子もなく、穏やかな表情で「ツマ」が聞いてきた。「アレ？」である。一気にのぼせあがった気分が抜け落ちて、ヘナヘナと座り込んだAである。お茶を淹れて貰って聞いたところでは、以下の通りである。

自分（ツマ）と義父とのラインのやり取りについて、Aが「お義父さん、読んでくれたかなあ」と朝方気にしていた。Aを送り出した後、「そういえば、お父さん読んだかな」と確認したらば読んでいた。ので「お父さんは既読」と書いたというのだが、うっかり入力ミスで「危篤」になっていたというのである。おっとそういえば朝の会話の中で、「お中元のお礼のメッセージ読んでもらえたかな（ホントは自分がお礼状書かなきゃ、だが「ツマ」からラインで、でもいいか～）」、「後で見とくよ」ってあったっけ。「会議って言ってなかったったっけ？」

そうだよ、会議だよ、無用な会議だとはいえ会議は会議。顔面蒼白で会社を飛び出し、資料もほっぽらかして帰ってきたが、この時間はもう会議は終わっているじゃないか。明日、どんな顔して会社に行こうか？　課長に何て言おうか？　そういえばあの会議の資料は、社長も目を通すってんで、ちょっと気を張って作っていたっけ、俺の昇進はどうなるのだろうか。

と、いつもは沈着冷静で、いわゆる抑うつポジションで会社生活をエンジョイしてきたAではあるが、スマホで七時間遅れの「お父さんは危篤」（うっかりと、「お父さんが危篤」と読み間違えさえしている）のメッセージを目にした途端に妄想－分裂ポジションへと至り、自宅に直行！

日ごろの会社勤めに、結構タマッテイタんでしょうか、Aさん。イイ人なんですけどね～。

第二章　マーラーらが研究した分離個体化の過程

引き続いてまいりましょう。

「え。なんやそれ。ムズイ漢字だからヤダ！」と言う方もいるでしょうね。

いやいや、ちょいとお待ちください。

世の中の子どもを育てるパパ・ママが必ず遭遇する子どものイヤイヤ期、あるいは第二次反抗期にだって通じるハナシですよ。スマホでウンチクたれてるヘンなブログを読むよりも、分かりやすく、しかもエビデンス・ベイストな観点からマーガレット・マーラー（Margaret S. Mahler, 1897-1985）先生らは書いております。ついでに恩師の前田重治先生が、表にまでしてくだすってますので、それを借用しながら書いてまいります（表2、『図説　臨床精神分析学』（誠信書房、一九八五年）より引用）。

あ。

その話に入る前に、何故に精神分析の研究者がこのイヤイヤ期や、第二次反抗期に関心をもったかという話をば。

我々がクライアントの話を聴く中では、必ず「それはいつからでしょう？」と問いを立てることになっていきます。その困り感や、頭ではわかりながらもつい繰り返しているそれは「いつからなのだ？」と問いを立て、クライアントとともに原因を究明していくわけです。すると不思議なことに段々ダダンとさかのぼっていき、このイヤイヤ期という時期にまつわるいろんな事件へとたどり着くわけです。昔からそうなので、精神分析家

表２　マーラーらによる乳幼児期の分離－個体化

年齢	発達期	状態	他の概念
	正常な自閉期	自己と外界の区別がない	未分化段階 (Hartmann)
1～2カ月	正常な共生期	自己の内界（あいまいなもの）へ注意 ↓ 緊張状態では外界へ関心を払う	欲求充足的依存期 (A. Freud) 前対象期 (Spitz) ３カ月無差別微笑
4～5カ月	分離・個体化期：分化期	母の顔，衣服，アクセサリーなどへの手さぐり（外界へ興味）受身的な〈いない　いない　バァー〉	一次的自我 自律移行対象 (Winnicott)
8カ月	分離・個体化期：練習場：早期練習	母親の特定化 はいはい，おもちゃへの関心 一時的に母から離れる―触れる	８カ月不安 (Spitz) 情緒的補給(Furer)
10～12カ月	分離・個体化期：練習場：固有の練習期	気分の高揚―自分の世界に熱中 ・積極的な〈いないいないバァー〉 ・母を忘れるが，時折，母に接近し補給する。よちよち歩き 気分のおちこみ，分離不安	母を離れての世界との浮気 (Greenacre) イメージすること (Rubinfine)
15～18カ月	分離・個体化期：再接近期	積極的に母に接近―後追い（まとわりつき） とび出し（母は自分を追いかけてくれる） 言語による象徴的接近（象徴的プレイ） 〈世界の征服〉	肛門期 (Freud) 快感原則から現実原則へ 記憶想起能力 (Piaget)
25カ月	分離・個体化期：個体化期	現実吟味・時間の概念 空想と言語の交流 建設的あそび―他の子への関心 反抗	対称表象の内在化
36カ月 ＋αカ月	情緒的 対象恒常性	対象恒常性の萌芽 対象と自己の統合　→　全体対象へ	

たちは「これらの時期、特にイヤイヤ期とひとくくりにして後になって親たちが語っちゃうということの時期には、母子の間にどんなことが起こっているのでありましょうか？」と考えていたわけですね。

「じゃあ、調べてしまえー」ということになりました。

フロイト先生の時代からこの時期について、多くのクライアントが、「こんなことがあった」とか「あんなこともあった」とか、何だか共通して仰られるので、そこから再構成して、「この時期はこんなであろう」というようなことは、考えられてはいました。精神分析的発達論というものが、それなりにあったわけです。しかし世に言うエビデンス・ベイストの心理学が勃興する中では、「それは実際に観察したの？」という批判が出てくるようになっていたのです。ヒドイ人になると「作り話に過ぎない」とか「精神分析は、科学ではない」とか激しい言葉を使って批判する研究者もいたくらいです（ちなみにワタクシは、卒論から始めて修士論文まで、このような激しい言葉を投げつけられ、悔しい思いもしました）。

まあ、そんなこともありましたので、「やってやろうじゃないの！」という機運も精神分析の側にはあったわけです。

方法として思いついたのが、当たり前と言えば当たり前。多くのこの時期の母子のペアにお越しいただき、映写機で撮影して「研究しちゃおー！」と相成ったわけです。一九七〇年頃になると、社会的にはお金さえ出せば映写機やフィルムを私有することができるようになっていました。当時アメリカでは、「心理療法といえば精神分析だ！」という時代でもあったので、お金を出してくれる人がいたわけです。やったぜ、ベイビー！と女性であり、アメリカ在住であったマーラーが言ったかどうかはわかりませんが、気分はそんな感じでしょうね（マーラー先生の共同研究者であったアニー・バーグマン先生が来日された折、北山先生に仰せつかって、ランチのお供をしたことがありますが、そんな感じであったことはお伺いした気が致します）。

ま、前田重治先生の表を見ながら読んでいただければと思います。

発達心理学の教科書によりますと、赤ん坊が乳首を吐き出したりなどの現象は四カ月頃からみられるそうですが、自我が育ち、親に反抗するようになるのは個人差があるものの一歳前後だとのことです。

はい。重治先生の表に注目！

現代にあっては、エビデンス・ベイストな発達心理学によると、正常な自閉期があるのかどうかは「？」ということになっていますが、マーラーらの時代は現代のようなデジタルデータにまで落として解析・分析することはできなかった訳です。一九八〇年代に入ってさらに安価で操作も簡単なビデオ機器とビデオテープが流通するようになり、スターン先生（あの、情動調律で有名な方！　この方も精神分析家です）らが母子関係の研究を本格的に始めるまでは、精神分析では、こういうことになっていたわけです。

正常な共生状態は良いでしょうか？　赤ん坊の喜びや悲しみを我がことのように喜んだり悲しんだり。お母さんの不機嫌がつい、子どもの気持ちに感染してしまったりという時期のことです。けっして怪しげな状態ではありませんね。

その正常な共生状態が続く中で、次第次第に母子は分化していくことになります。

したいこととされていることがいつも一緒とは限らない、という自我が芽生えた状態に次第になって参ります。危ないからと遠ざけられているものや場所にも、だんだんと興味・関心が芽生えていくのです。「お、なんだ!?　あれは？」という訳です。読者の皆さんもこの時期のことを覚えておいでの方もいるかもしれませんし、たとえていうならば、思春期・青年期にそれまでは子どもだからといって遠ざけられ、禁止されていたものに興味津々と近づいていった時のあの感じですよ。

生まれて初めて吸ったタバコ、生まれて初めて飲んだサケ、生まれて初めての……ってな気分を思い出してくださいね。あるでしょ？　無いわけはない、ですね。

この時期。最初は恐る恐るです。運動能力もまだまだですし、移動もままなりません。ハイハイとかでおもちゃなんぞに近づいていこうと致します。養育者との愛着関係を基盤として、分離個体化の練習期が始まるのです。

愛着はいいですか？

これも『保育所保育指針解説』を読んでいただけるとわかりますが、「ん〜。このPC。これでオンライン授業を乗り切ったわけなので、愛着があります」という場合の「愛着がある」とは意味が違います。英語ではattachmentです。ざくっと言えば、心理的な絆のことです。子どもの側が、養護的な大人に対して持つ心理的な絆がある感覚を持っていることを指します。「何かあったらパパ・ママが助けてくれる」というような心的感触を指すでしょうか。

さて本格的に二足歩行が始まったら、この冒険も本格化いたします。見るもの聞くものすべてが珍しい。たとえていうなら、初めて海外旅行にでも行った時の気分を思い出してください。はい。バリ島の市場や中華街！（どこに行っても中華街はある！　しかも美味しい！）気分が浮き立ちますね。気分は高揚し、自分の世界に夢中、になっちゃいます。それと同じような高揚感を感じているともいえるでしょう。

イナイイナイバアも、この時期の子どもには大うけいたしますよ。手で覆われて、「アレ、ナイ」と体験されていたところに、突然の笑顔が出現しますので、大喜びです。

いろんなものを発見することが出来て、気分は高揚しております。こんな面白いものが、場所があったんだあ！ってね。精神分析家のグリナッカーは、この時期の状況を「母を離れて、世界との浮気」と呼びました。

重治先生は、本当に網羅的です。どこでこんな言葉を拾ってこられたのでしょう。驚くばかり、調べてたどり着いてみたい！　あ。この気分と多分同じなのでしょう。グリナッカーを調べてみたくなりました。イケイケ！ドンドン！です。

ですが、やがて再接近期というものが始まります。認知能力の点から考えても、いわゆる「対象の永続性」が確立されるのは、まだズーッと後のこと。子どもはこう考えます。「ボクがいない間に、ママはいなくなってしまうのかもしれない⁇」と心配することが始まる訳です。いなくならないようにと心配して、後追いやまとわりつきも始まるようになります。

面倒くさいとパパ・ママが感じるのはこの頃、です。自我が芽生えて何をするにも「ボクが」「アタシが」が真っ盛りですし、身辺自立に関する押し付けであるところのしつけも本格的にやらないとですし、「イヤ！」「イヤ！」「いやや！」とイヤイヤ期が全開した状況です。

そのくせ、時折ふっと不安になってまとわりつく、後追いする。パパ・ママには「なんなんだー⁇」てなわけです。

この時期は、しつけを適正に行いつつも、この後追いやまとわりつきにも「あら〜、どうしたとね〜ママはちゃんといるよ〜」と抱きしめてあげることが必要とされますが、面倒くさいことったらありゃしません。この時期の子どもを育てるパパ・ママに対し、したり顔で「イヤイヤ期はね」と語るヘンなブログが読まれてしまうくらい、パパ・ママはマイッチャウ、ですね。

どう対処するのがいいのか、どう思ったらいいのかは、百組の母子があれば百通りの最適解（に近いもの）があるというのが、子育て支援の考え方です。パパ・ママが試行錯誤したり、子育ての支援を受ける中で、わが子の専門家になっていくしかありません。

ちなみに地域の保育所は、その地域の子育て支援センターとして、厚生労働省から位置づけられています。ちゃんとした保育所であれば、そこの保育所に通っていなくても、相談にのってもらえます。ドンドン利用されてくださいね。

二十一世紀に入って以来、保育所は子育て支援の最前線の場の一つとして、さまざまなノウハウを蓄えて参りました。お昼寝の時間帯である十四時前後ですと、比較的対応してくれるはずかと思います。もちろん幼稚園でも。幼稚園によっては保育教諭（保育士＋幼稚園教諭のダブルライセンス）がおられ、対応してくださることもありますので、電話で確認されてみてください（この少子化の時代、丁寧に対応して「我が園へ、どうぞ！」ってな思惑もありますから、ウィンウィンな訳ですよ！）。

イヤイヤがフルスロットル状態となりながらも、養護的な大人が丁寧に対応していきますと、やがてピアジェがいう「対象の永続性」の芽生えが始まり、段々と後追いもまとわりつきも収まって参ります。いやいや、そうなんですよ。他児との遊びにも関心が向くようにもなりますし。

アツアツの若いカップルが、アツアツを経て少しいろんな異性も目に付くようになる。「本当に私の相手って、この人なのかしら？」と思ったりもする。そんでもってちょいと浮気めいたこともしてみる。お茶、とかね。意外に楽しい、ホントはこっちの人かも！　という勢いです。ですが、そんなことをしていると、そのうち当然後ろめたくなる。そして。もしかしたら、彼（もしくは彼女）にはバレているかもしれない、オーマイガッ！と電話する、メールする、会いたいという状態となる。そんな状態の彼（あるいは彼女）は「どうしたの～？」と涼し気な雰囲気でさえある。あるといいのは、「ボクのこと、愛してる？　愛してる？　愛してる？」となっている彼（あるいは彼女）に、そのたびに「何百回でもアイ・ニー・ジュウ！」と歌うことですかね。

このような過程を経てその後、一緒にはいなくても、そしてどこかで好きなことをしていても、パパ・ママはいなくならない、だから安心して好きなことを好きなだけ、やっちゃおうかという気持ちになります。それが個体化の過程であり、イヤイヤ期のパパ・ママにとっては面倒くさい時期を乗り越えた、ということになります。

おわかりいただけたでしょうか。

架空の症例

弟が生まれて数カ月たったころのB君二歳七カ月。代々続く自営業を営む一家の長男として、大事にされてきたところでのライバル登場であり、パパ・ママ、グランパ・グランマの関心が弟に向かっているのが気に入らない。

自宅兼商店の棚には、面白そうなものが沢山並んでいるのが気になって仕方ない。お店にやってくるお客さんたちも何やら楽し気な人が大勢いるし、自分が出ていくと皆、「あら、カワイイ！」とにこやかに構ってくれるではないか。覚えたての言葉を駆使して話しかけでもすれば、喜んでくださるし、人によってはあの「イナイイナイバア！」で遊んでくれたりもする！　少々無茶な暴言言っても笑ってくれるし、「イヤ！」、「ダメ！」だって面白がってくれさえする！　ナイス～

B君は、商店の側に入り浸り「世間との浮気」を楽しんでおりました。

しかしある日、おなじみになったお客さんと目いっぱい楽しんだ後のことです。

「お。パパ・ママは？　グランパ・グランマは？」

どこにいる？　弟と？　いつものようにベッタリ？　ボクのこと忘れてる？　どうでもいいの？　ボクなんて。「一家の長男」だなんてよくわからないこと言ってたけど、あんなに構ってくれたじゃないか、もうどうでもいいの??とB君は、パパ・ママ、グランパ・グランマの姿を探し求め、後追いしたり、まとわりついたりを始めました。しかも折しも佳境となってきたしつけに対しては「イヤ！」、できもしないのにそして危ないのに「ボクがする！」と言って聞かない状態です。

パパ・ママ、グランパ・グランマは大弱りの時期が続きました。「一体、どうすりゃいいの？」と、です。そこで。さすがは自営業です。近所の保育園が在園していない子どものことにも、何だかニュースで聞いていた「子育て支援」をしているということを聞きつけてきました。とりあえず仕事はパパ・ママに任せて、グランパ・グランマでB君を連れて行って参りました。子どもたちがお昼寝しているという時間帯に、きっちりとアポイントを入れて、です（自営業の人は、そこはきっちりと心得ておいでのようです）。

乳幼児の遊びを心得た保育士と思う存分遊んでもらってニコニコのB君とともに、「なるほどねー」という顔をしたグランパ・グランマが戻ってきました。とりあえず「家族には大人メンバーが四人いるのだから、役割分担してB君担当のシフトを組んだら？」とのことでした。ママはやはり弟君がいるので、軽めにではありますが関わるときはしっかりと溺愛！というほどにということのようです。できる時にはB君と一緒に、園が開いているママたちがお茶するサロンのようなものにも「ぜひお越しください」とのことです。

さて、その後B君はどう人生を歩んでいったのでしょうか？楽しみですね。

第三章　エディプス・コンプレックス

いよいよです。

「何だかなー、あまり聞かない言葉だなあ」と思われたかもしれませんね。聞いたことがある人も、「パパ・ママ・子どもの三角関係だって、そんな三角関係なんて起こるハズないよ～」とか、「子どもの性愛、だなんて!? この可愛らしい子どもに性欲や性愛があるだなんて!? (だから精神分析には近づかないようにしなくては)」とかって思われるかもしれませんね。

ではまず子どもの性愛や性欲について。

第二次性徴が発現して思春期に入るとムクムクと湧いてくる性欲が、幼児の中にあると言っているのでは全くありません。断言いたしますよ。そんなことを言っているのでは全くないのです(二回否定しましたよ)。性器も未成熟なのに、性ホルモンも出ていないのに、そんなことがあるハズありません (三度目、です)。

そんなものは、思春期にあたる前後の年齢から、自分の中に体感されるようになって初めて向き合っていき、性的成熟というプロセスを経過して自分自身のものにしていくことになっています。皆さんもご経験がありますでしょ。相手があることなので、思う通りにはいきません。だから恋の歌や失恋の歌が流行るのです。「貴方に美味しいコーヒーを淹れてみたくて……♪」とか (今、作りました)。

子どもの性愛や性欲について、精神分析が主張しているのは、以下の通りです。

すなわち、思春期以降の性的成熟の結果、成人同士で楽しまれていく性愛や性的満足の中に、とても子どもっぽいものが紛れ込んでいることがある、ということなのです。巷間さまざまな性癖といわれるものが存在します。その中には、非常に原始的なものが紛れ込んでいることがある、と言っているだけですよ。

原始的なものとは、例えば相手と固く結びついていたい思いですとか、飲み込んでしまいたくなるような思い、とか自分ファーストで振る舞いたいとか、ですかね。あるいは、心の底から相手を理想化するとかもでしょうか。支配するとかも。どれも子どもっぽいこころの動きといえます。ね。ありえますでしょ。

子どもの性愛とは、そんな原始的な思いのことを指します。もう一度書いてみますと、相手と固く結びついていたい思いですとか、飲み込んでしまいたくなるような思い、とか自分ファーストで振る舞いたいとか、あるいは、心の底から相手を理想化するとかとか（コピペしました）。十分、子どもの中には起こり得ることを、列挙したと思います。

おわかりいただけることかと思います。

次いでエディプス・コンプレックスに向かいます！（ヤマサキ、行きまーす！）

まずエディプスという名称ですが、これはギリシア神話「オイディプス王」から取った近親姦の物語からきています。フロイト先生が精神分析を始めた当時、それなりの金額をお支払いし、毎日なら毎日、ある意味自由に時間を使って先生の下に通ってこられる人は限られていました。そうです。お金持ちです。言語を用いた自由連想を治療法としていますので、それなりの教養をお持ちの方ということにもなります。そんなヨーロッパ地方で、わかりやすく説明するにはギリシア神話から引用して説明することが、一番通じやすかったという訳です。

なので現代日本でこのことについてお話しするとしたら、エヴァンゲリオン・コンプレックスという名前がふさわしいかもしれません。すなわちエヴァ・コンプレックスです。

＊エヴァンゲリオンについて、知らないヒトのために説明があった方がよいのでは、と編集の方からご意見を頂きました。そういえば、北山修先生からも同じことを言われたのを思い出しました。歴史に名を遺すアニメーションの名作「エヴァンゲリオン」。そのお話としては、地球を襲う外敵（「使徒」）に対して、人が乗って脳のレベルでシンクロしながら操縦するエヴァンゲリオンというロボットを使い、反撃するという SF の内容です。アニメーションとして制作され、まずはテレビで放映されました。「こりゃオモシロイ！」と評判になり、アニメ映画も制作されました。ネットフリックスやアマゾンプライムで鑑賞できると思いますので、関心をお持ちの方はぜひご覧になってください（「シン・エヴァンゲリオン」は秀逸）。オタク界隈では、この作品はあえてそうしたのかどうかは分からないが著作権的に甘く、結果としてさまざまな種類のフィギュアが世にあふれることになり、そのおかげでマンガを描くこと全般が立体的なニュアンスを備えた作風へと変化したメルクマール的な意義を持つと言われています。

　主人公の一人、碇シンジと父親の碇ゲンドウ、そしてその他の女性主人公たち（とくに綾波レイ）との間の三角関係が物語の重要なサブテーマとなっていることに着目して、エヴァコンプレックスと呼んでは？　と提案した次第であります。

ついでコンプレックスという言葉ですが、先ほど触れたように日本語の劣等感という意味で用いていません。Complex すなわち複合体の意味で用いています。クライアントと自由連想を用いた精神分析を行っていきますと、このエディプスに関わることがあれやこれやと出て参ります。父と息子の物語であったり、きょうだい葛藤の物語であったりとさまざまな物語として立ち上がってくるのです。この三角関係にまつわることとして。なので複合体としてとらえるのが相応しいということになります。

ま、一言で言えば「ボク、オトト、ママ」（きょうだい葛藤）、「パパ・ママ・ボク（あるいはアタシ）」という三人の間の三角関係ということになります。最近はナカナカ子育てにはお金がかかる、ということで一人っ子が増えているということを聞いております。ので、きょうだい葛藤の部分は、保育園や幼稚園に通うようになったお子さんが「ボク、アイツ、センセイ」という感じで進行していくことが多いのかもしれません。

発達心理学の教科書では、性差を意識するようになるのは「二歳前後〜三歳くらい」とされています。自分と養護的な大人として自分ファーストの関係を結んでくれている「パパ（あるいはママ）」が、大人同士で何か質の異なる特別な関係を結んでいるらしい。子どもができたらセックスがなくなる訳でもなく、何しろ日本は川の字で寝る文化です。自分との関係とは異なる関係が進行していることも感じ取れるわけですね。

それって子どもの側からすると、羨ましい！となる訳ですね。性差も意識できるようになっていますし、同性の親に取って代わりたいと三角関係が始まるという訳です。これが三角関係の第一の物語です。

二つ目の物語とは、世界中で起こるとされるきょうだい葛藤の物語です。旧約聖書のカインとアベル以来語り継がれてきました。きょうだいをお持ちの方は、わかって頂けると思いますが、弟あるいは妹が生まれてきて喜んだはいいが、「お父さんの背中」や「お母さんのお膝」は一つな訳ですね（年の若い従弟の息子○君に妹が生まれました。彼は今、まさにその状態！）。お互いがお互いにとってライバルなわけです。その一つのものを巡って、三角関係が生じますね。

同じようなことは、同年代の子どもたちが集う保育所や幼稚園でも起こります。養護的な大人との間で自分ファーストの関係だけしか体験していない子どもたちは、対等な他者同士の関係の持ち方を知りません。皆が自分ファーストを主張するわけです。当然ぶつかり合いが生じますので、面白そうな遊具、先生のお膝を巡ってライバル同士となり、三角関係が生じることになる訳です。

これが二つ目の物語です。

ライバル同士ですから、競い合いますね。

競い合い、優劣をつけようとする。

最初は競い合い方も優劣の付け方もノン・ルールです。仁義なき戦いということにもなりましょうか。そこにはぶつかり合いが生じることもありましょうし、ズルをしてでも勝ってしまえ！という事態も起こり得る。「いやいやそれはいかんよ」と声をかけ、間に入って仲裁し、「順番」といったことを教えたり、「交代して使う」とか「ズルはダメ」とかを社会性として教えていくのが幼児教育ということになりますし、養育者の大事な役割ということになりますね。

競い合い、優劣を付けようとすること自体は悪いことではありません。人間は、競い合い、優劣を付けようとする中で自己鍛錬をしていきます。競い合いの中で、自らを高めようとする事態ともいえますね。より早く、より強くなるためには「練習は裏切らない」だとか「努力の上には花が咲く」といった健全な競争社会にもつながっていきそうです。二〇二一年、東京オリンピックでアスリートたちが競い合う姿を目にしました。ドーピングだとかはルール違反ですし、それが明らかにされると醜聞ということになりますね。この競い合って、見ているとワクワクいたしますでしょ。

これが健全なエディプス状況ということになるかと思います。

さらに、子どもたちが集う場所では、集団が生じます。

保育所、幼稚園、小学校と教育の場では、集団が成り立っていきますね。そこでは管理する大人（＝保育者や教師）が適正に場を整えていくと、あちこちで競い合いが生じることになりますし、集団ですからリーダーシップを発揮したり、フォロワーシップを学んだりもしていくわけです。「班長」さんや「級長」さんといった役割分担をして、協力をしていくという訳ですね。自他を比較して、成績が付いていくという仕組みもあります。

誰がトップとして、その集団を率いていくのかを決める。自分自身が自分の思い通りにその集団を率いていきたい。そう願うならば、自分自身がトップたり得るためには、周りからそうだと評価され、選ばれなければならないということになります。

本宮ひろ志先生の『男一匹ガキ大将』以来、というかオリンピックもお相撲さんもみな、その集団の頂点を目指したいということになってます。そのためには、公平なルールの中で戦い、競い、堂々とトップを取っていこうとするわけです。

これが三つ目の物語です。

ちなみに成人の精神分析において、「エディプス・コンプレックスがある」というのは、おそらく乳幼児期のこれらの物語に十分なじめず、また手抜きやズルを覚えたためなどして、成人になってもこれら三つの物語がうまく健全に展開できず、トラブルや困難を感じてしまう方のことを指します。

友達に恋人でもできたら、必ず三角関係に陥ってしまうとか、大会に限って力が発揮できないスポーツ選手とか。賄賂を使ってでも、相手をコズルク（だから周りからするとみっともない。「やめとけばいいのに」と言われる）出し抜いてでも「〜長」になりたい方、とか。ですね。

そのあたりのことで困り感をお持ちの方、ぜひ精神分析へおいでください。フロイト先生以来、連綿とそのたぐいのことについて、おびただしい数のクライアントの方々と、詳しく臨床研究と臨床実践を積み重ねてきておりますので、得意ですよ。

架空の症例

C氏は、とある領域の個人事業主として名の知られた人物である。

その領域の専門家として、若い時期から頭角を現して、現在に至る人だという。

が。我が強い人としても知られていた。業界の入札やそのプレゼンの場で、ことごとく同業他社の担当者と見苦しいほどにぶつかり合うのである。しかもあろうことか、時には「袖の下」なるものを示して来たり、あまつさえ場合が場合であれば求めてきたりもする。しばしば「残念な人」として、酒食の場では話題にされたりもするという。

それでもC氏には師と仰ぐセンパイがおられた。

ある時センパイと共に仕事を終え、小洒落たバーで軽くハイボール（バーボン、でしょうか）を傾けているところでセンパイがこう語りかけたのでした。

「この私が目を付けた通りで、頑張りよるな～」。いいじゃないですか、師と仰ぐセンパイからこう言われて嬉しくない人はいません。「アリガトウございます（はしゃぎすぎるとミットモナイとは思い）」とさりげなくC氏は応じました。

そこからです。センパイはさらに続けました。「お前、精神分析って知っとうや？」という問いです。（ナンじゃ、そりゃあ？）と思いはしたものの、センパイが言うことだからと聞いていきますと、ご自分もかつてC氏と同年代の頃にその精神分析的心理療法なるものを経験されていた、というではありませんか。

「エディプス・コンプレックス、たい」と宣われた。「ナニナニ？」と聞いていくと、今のC氏がかつての自分と重なるようで、痛々しいと心配をされている様子も伝わってきました。「いやね、ガッガツ行くのはイイ。

スキルもあるのもわかっとる。思う存分やりんしゃい、そこはイイと」と前置きした後のことでした。こう告げられました。

「競い合うにもルールがある。仁義がある。今のお前は仁義どころか、むやみやたらに相手を潰しに行くところがある。業界入りしてからずーとそげんたい（そんな様子だよ）。若手の頃やったら、それもアリやろうけど、さ。しかもあちらこちらで、ね。気づいとろうけどさ」と博多弁まで使ってくださる。

C氏、言われてみれば、確かにそう。やった後で「ヤバいかなー」と思ったりはするものの、後悔先に立たずの繰り返しではある。ああ、センパイは心配してくれてるのだなあ。感謝、です。

さらに「それじゃヒトは付いて来ん、とよ」おっ！　センパイと仕事が出来ると思って九州くんだりまで来たものの、博多弁でこう言われると聞いちゃうよ、オレも。さすがはセンパイ、そこまで意見してくださるとは。

ハイボールから次はイモのお湯割りへ。センパイの勧めで梅干を入れるとこれまたウマい！　話はさらに進み、深まり、センパイが「イイ先生が居るけん、行ってみらんね」とご自分の名刺ホルダーから古びた一枚の名刺を差し出された（冒頭にあげたワタクシの名刺であったかどうかはワカリマセン）。

そこでC氏は考えた。今までガツガツ、ガッツリやってきたけれど、年齢的には後輩も育てたいし、このギスギスした緊張感だとか、やり終えた後の何だかむなしい感じだとかもちょっと負担に思えている今日この頃、何かそういったものから解放される人生もあってもいいのかな。センパイを見ると、緩急ついているし、どうやったらあの境地に至れるのだろうかと思ってはいたし。単に、年取って落ち着いたという訳でもないのだなあ。

さてC氏が精神分析に通われたのかは定かではありません。

が、しかし。数年後、聞くところによるとその業界では、C氏を師と仰ぐ若者や同業者が増え、酒食の席で陰口をたたかれるようなことは「え、そんなことあったの？・」というくらいに過去の話となっていました、とさ。

第四章　思春期と青年期

思春期と青年期って？

若い時期のことだろうけど、分けて考える必要があるの？　何が違うの？と思われている読者の皆様、お待ちかねですね。これからわかりやすーく解説してまいります。

まず思春期とは？

中山智哉・加藤孝士編著『子ども家庭支援の心理学』（学文社、二〇二二年）では次のように説明していますす。すなわち第二次性徴の発現に伴う身体的変化と性的成熟が生じる過程の時期のことを指します。発達の加速化といわれる事態の下で、段々と低年齢化してきたと言われ、個人差はありますが、大体小学校高学年頃に始まるようです。男児であれば、精通や発毛、男らしい体格へと変化し、女児では初潮が起こります。男児・女児ともに、身体的には大人へと移行していく時期のことを指します。女児の方が男児よりも早め、ということも知られています。

性ホルモンが分泌されるようになり、性欲も体験するようになりますので、男女で大人として、ちゃんとしたルールの下でお付き合いできるようになったり、することとしたら子どもを授かりますので、適正な避妊の方法を知るなどといった性的成熟の過程も始まります。

そしてもう一つのこの時期の特徴は、第二次反抗期です。認知的には、だいぶ大人になっていますので、いろんなことが見えたり、聞こえたり、そんでもって考えたりすることができるようにもなっております。「先生がえこひいきする」とか「親が約束を守らない」とかってことにも気づいちゃうわけです。

かつての子どもの間には、見えてなかったこと、聞こえてなかったことに気づいていくわけです。だからものすごく反抗します。思春期なりの正義感だったり、「まあ、正論はそうだけど」というようなことを言い出したりするわけですね。

とはいえ第二次反抗が始まったばかりの頃は言葉がまだ成熟した状態ではありませんので、「ムカつく！」とか「嫌だ!!」とかしかまだ言えない。ここでも大人の側がイヤイヤ期と同じで、腹を立てたりするばかりではなくきちんと話を聞いてあげる姿勢を持つことが重要でしょうね。すなわち対話です。

大人の側があくまでもこの対話するという姿勢を保ち、できるところでは「意見の食い違いを認め合いながら、落としどころを探っていく」ようにすることで、そのように相手してもらった子どもは、大人から言葉を学び、考えを学び、自身も次第に大人へと向かっていくのでしょう。

さて次に青年期です。

青年期とは、思春期とほぼ同時期に始まりますが、心理・社会的に大人になっていく過程のことを指します。『子ども家庭支援の心理学』によれば、心理的離乳であったり、社会的自立であったりがテーマとなります。大人に依存していることをよしとせず、経済的に依存していることをよしとせず、社会の中で一人で立っていくことを学んでいく時期ともいえます。

親に依存しなくなるわけですから、この時期は、それまで安心して依存していたものがなくなってしまうことになります。

まず孤独感に堪えたり、友人とのつながりに安心感を抱いたりといったことが多くみられるようになっていくのです。尾崎豊が『十五の夜』で歌ったようなことも始まるのです。

さらには経済的に自立するために、何を職とするのか定めていかねばなりません。まずはどこの学校に入るのかから始まって、では何の専門家となっていこうかということを考え始めますね。好きなことで、そして得意なことで対価を得ていくのが、一番望ましいことです。

得意になるには訓練を受けなくてはならないかもしれませんし、訓練を始めるためには資格を取得しなくてはいけないかもしれません。どんな学校に行くとよいのか調べるところから、そこに入るための準備も必要でしょう。いずれにせよ訓練を経てそれを得意なことにしていくまでには、半人前ということになります。

この専門家でいいのかという迷いもありましょうし、いまだに半人前であることへの焦りもあるでしょう。訓練を始めたはいいが、実際にやってみると意外と面白くないとか、そこで初めてわかることだってあるでしょうね。これはこれで苦しい時期です。

専門家になるためには学校に行くことだって必要かもしれませんので、何の専門家を目指すのかでこの青年期は長期間となったりすることもあります。専門家として誰でもできる仕事はない、という前提に立てば、この青年期は必ずあります。

またこの青年期は「近代に入って生まれた概念である」と言われることがあります。近代とはすなわち工業化が起こり、農耕狩猟が中心だった世界から、第二次産業や第三次産業へと産業が広がり、それぞれの産業での専門性が問われるようになったというのです。そして学校制度が整備されていき、それぞれの専門家を養成する仕組みが整っていった時期から「青年期という概念」が生まれたというわけですね。

ここで第一次産業である、現代農業について一言。無茶苦茶大変です。特に日本では、これまでの農政の不備もあって、ビジネスとして成り立ちにくくなってきています。そういう現場でいかにして、対価を得ていくのか。並大抵のことではありません。昨日、農業者として弟子入りした分家のお兄さんの事務所に行きましたところ、ＰＣでエクセル処理したり、作物の流通の状況をオンラインで確認したり。自分で作物を作るだけではなく、流通・販売、保存、調達などなどあらゆることに対応できなければ、生活ができないということでした。

それなりの経験やスキルや覚悟を持つことが必要な世界のようです。田植えだって十年農業をやったとしても「まだ十回しかやってはいない」というわけです。十回やっただけなのに、専門家と言えるのかとは、別の専門家であるワタクシも考えたところです。雨風など、天候という不確定要素への対応力も求められそうです。世界的に気象の変化も言われている時代ですし、そこへの対処も学んで、考えていかなければならないようです。

大変な修行が必要そうだとは、青年期に触れたここで、第一次産業についても言っておかなければならないと思いました。

なので、思春期が身体的に大人になっていく高校生くらいまでの時期を指すのに対して、青年期はもっと長いことが多いのです。

精神分析は、心理療法を行うという立場からこの思春期と青年期に着目していきました。教育相談や学生相談を行われると分かりますが、この時期の若者たちはものすごく不安だったり、不安定になったりされます。精神分析的精神療法の場でも、苦しい人は本当に苦しいことが伝わってくるのです。しかも先に述べましたように、言葉で語り合うということがとても苦手です。傷ついたり、傷つけたりが日常生活で日々、起こってしまっている。

ですからこの時期に特化した技法も開発されてきました。

気になりますか？

そういう方は、近々出版する拙著をお確かめくださいね。

架空の事例

Dさんは十四歳の女子中学生です。初潮はちょっと早めでしたが、現在は安定し身長や体重も増え、ダイエットに気を配りながらも剣道の部活で汗をかく毎日です。勉強もやる気マンマンです。なんたって学校の先生になるという将来の夢をかなえたいので、それはマスト！という訳です。

とはいえ。

とある夏の日のこと。急にやる気が湧いてこない、ことに気づきました。午後から部活があるというのに、その前に数学の課題をやっておこうと考えて机に着いたにもかかわらず、何もする気が起こらない。そんな日が何日も続き、夏休みが明けても学校には行く気になりません。不登校の状態となってしまいました。

心配した両親はDさんと一緒に、かかりつけの小児科に相談に行きました。いろんな検査もしましたが、身体的な問題はナイ、とのことです。「どうして学校に行かないのだ？」、「行けないのだ？」、Dさん自身も若干焦りもあって「どうしてだろう。困ったな」と考えている様子。

そこで思い切って、学校の養護教諭に紹介されていた心療内科なるものを受診することとしました。「イイ先生ですよ～」という養護教諭の言葉も後押ししてくれました。

受診したところ、なんとまあ勝手にイメージしていたような恐ろし気なところではありません。男性医師はニコニコ微笑んでじっくりと時間を取ってくださったし、心理士さんという優し気なお姉さんが労わりながらも心理検査なんてものを取ってくださった。

数回通い、心理士さんともじっくり時間をかけ、かといって長々となるわけではない頃合いのセッティングでDさん、自分なりに思いを語ることもできた。

そのうえで、主治医となった男性医師から父母共に同席した場で、次のような「見立て」を聴くことになりました。「頑張りすぎてたかな」というのです。アレレ？　頑張ることは良いことだし、親も先生もそう言うし、「努力の上には花が咲く」とか確かあの高校のパンフには書いてあったのに？　なぜ？と思ったDさんでしたが、医師の勧めで検査してくれていた心理士のお姉さんと、「カウンセリング」というものを始めてみることになりました。

週に一回五十分、みんなが学校に行っている時間はあれだから、ということで土曜日の午後です。これなら、学校にいなくてもおかしくない時間帯です、堂々と街を歩けます。気分が乗れば本屋さんを覗くことだってできます。

やがてDさんにもわかってきたのは、やっぱり頑張り過ぎなところがあったこと。そういえば、じっくりと迷うことなく先生を目指していた。そういえば頑張らないでいる時間もないと、同級生がワーキャー言ってるアイドルグループとかも目に入ってなかったし。あ。部活の同級生のあの男子、今何やってんだろか？　ちょっと気になっちゃうなー。お父さんが買ってくれたスマホも意外とこれはPC並みに使い勝手がヨイ。あの海外アーティストのブログ、日本語変換して読んでみると意外とイケる。アイスの食べ歩きだってイイかも、だし。

心理士さんや主治医に聞くところによれば、大人になって先生になる道だって、高校→大学ってな定型ルートだけではないってことだし、高校にだって通信制や色々あるらしい。グーグルマップで調べたらそうだけど、目的地に行くにはいろんなルートがあるじゃないか。

てなわけで少し落ち着いてきたDさん。あらためて日々の生活を送りながら、そして週に一度は心理士さんと会話を楽しみつつ（時々とても分かってもらえた！と嬉しくなることもある）、世の中や社会のこれまで見えてなかったことや聞こえてなかったこと、そして大人も完ぺきではないし、もちろん自分もそうであることを噛みしめ始めたということでした。

第五章　アイデンティティの確立

さて、青年期の課題として挙げたアイデンティティの確立について、です。

ところで。自分で以下に書いた文章を読み直してみました。このアイデンティティというのは、どうやら青年期だけのものではありません。アラ還となったワタクシのこの年齢にまで到達してみても、常に問いが立ち、問われ、問い続けていくものであるようです。「それでいいのか?」という問いを立て続けていくところに、エリクソンのアイデンティティ論の本質があるのだと考えております。

今、ワタクシは小倉のとあるライブハウスにてこれを書いております。ライブハウスだなんてところに、何をしに来ているのかと言いますと、来週地元のフェスに呼ばれておりまして、そのリハーサルに来ているわけです。

それがアイデンティティの確立のハナシに関係があるのか? ワタクシには、あるんですよ。それが。

アイデンティティとは「私は～である」と自信をもって言える、その人にとっての何かのことです。例えばワタクシは、「精神分析的精神療法家である」し、「日本人である」し、「男である」しとまあいろんな「～である」があります。自信をもって言えるだけではなく、どこに行ってもそれは変わりませんし、昨日もそうでしたし、明日もそうだということを確信しています。もちろん自己紹介をする時は、冒頭に述べた名刺をお渡しして、「精神分析的精神療法家であります」と述べます。

自己紹介の時に実感するだけではなく、日々その仕事で対価を得ていますし、そこでのお金のやり取りをするときにも実感します。また家に帰ってきても、頭のどこかで精神分析的な思考が動いています。例えば「あの時のクライアントのアレは、～ではないか」などとです。

もちろん職業的なアイデンティティだけではなく、トイレに行くたびに男であることを実感しますし、日本語の書き物を手にするたびに日本人であることを実感します。また、母や妹とハナシをするたびに、「山﨑家の一員である」ということを実感するわけです。

それらの実感はどこから生まれて、どのような過程を経て確立されるのか？

職業的なアイデンティティの確立の過程がわかりやすいので、ワタクシの「私は精神分析的精神療法家である」という確信がどうやって生まれたのか、その過程について検証してみますね。

で、ライブハウスのリハーサルの件ですよ。

若いころ音楽に関心を持ちましたので、中学校くらいからバンドを作っては演奏したりもしていました。本格的に作詞や作曲も始めたのは大学に入ってからのことです。ライブハウスをまわったり、「対バン」としのぎを削るような張り合い方をしたり、できることとできないこととの限界について、身をもって知ったりという経験もしました。ですが、学生バンドというのには終わりが来ます。

そうです。卒業の時期が近づいてくるのです。社会人になってまでも同じバンドを続ける人というのはあまりいません。「新入社員！　何やってんだ」と当時であればパワハラの対象にもなっていたかもしれません。呉田軽穂が作った『「いちご白書」をもう一度』という名曲があります。そんまま引用しますが「就職が決まって髪を切ってきたとき　もう若くないさと君に言い訳したね～」という事態が、就職活動が始まる大学四年生になるとアチコチで起こります。

それなりの演奏を提供できるようになっていたワタクシのいたバンドにもそれは起こりました。就職が決まってボーカルが抜け、ギターが抜けていきました。できたばかりの臨床心理士の資格を取ろうと、大学院進学を目論んでいたワタクシが就職活動もしていないことに気づいたとあるバンドが、ベーシストとしてのワタクシに白羽の矢を立てたのです。受験勉強の合間にならばと引き受けたのが運の尽き！

そのバンドはさらに先に進もうとしていて、当時アマチュアができる範囲で可能な録音作業（当時は、カセットでした）を行い、世に問おうとしていたのでした。すなわち音楽を仕事にしようとしていたわけでした。それも「録音くらいなら」と引き受けたのが、本当にアキマセンデシタ。売り物とする音楽の録音というのは、スタジオでラジカセで録ってというようなものではありません。まずはリズムから録って（すなわちベースとドラムス、リズムギター）、それに歌を入れたりソロパートを入れたり。その後は自分たちの作風になるようにと細かいエンジニアリングの作業が続く。メンバーの時間があう夜間帯にそれを行う。

大学院の入試に合格するわけありませんね。

オミゴト！に落ちました。

これは悔しかった。

立場上売り物もありますから、ベーシストは続けておりました。ライブハウスやフェスへの出演等、週に一度はどこかで演奏する生活です。ただし大学院には行くつもりなので、去年ウッカリと録音に当てたがために合格をフイにした（当時はそう思っていた）秋口からの出演をすべて断りました。

春頃に、無事に合格したからとかつてのバンドにご挨拶に伺ってみました。「もう、時間あるよ～」と。ところが、ところがですよ。ワタクシに時間があってもバンドには居場所がナイという状況となってしまいました。「お前は、そっちを選んだのでしょう！」という訳です。だってこっちが立て込む時期（何やかやの提出や学内発表など）に誘いの電話をかけてくるのだからそりゃあ断るよ、とは思いましたものの、今になって振り返ればワタクシは確かにどちらかを選べという事態で、こっちを選んだのは事実であるのでした。

それ以降は音楽活動なんてものには目もくれず、心理臨床家となるためのことをしてきました。次第次第に活動の幅を広め、有名になっていくかつてのバンド仲間に負けるわけにはいかないと思った面もあります。そしてさらに「何でそんな訓練が大変というもの目指すのよ～」と言われる精神分析的精神療法家を目指して、日本精神分析協会のドアを叩きました。そんでその名刺を持って、その仕事をして対価を得て暮らしていることは、本書の冒頭で述べた通りです。

今、ここでこんな文章を書いているのも、かつてのバンド仲間がきちっと線を引き、「そんなことならダメだよ」とバンドに入れてくれなかったからかとも思い、それは本当に感謝しなければと考えたりしてます。

今、三十年来の盟友ギタリストが、朗々と歌っています。彼が私を音楽の道に誘い込み、「ダメじゃん」と追い出してくれた張本人です。彼とは気が合ったのか、その後もなんやかやあって「絶望友の会」（彼が名付けました）の会議と称して定期的に飲んだりしています。

さて、リハーサルではそろそろ出番です……。

アイデンティティの確立は、例えばこんな感じで進んでいくのでしょう。

「私は精神分析的精神療法家である」という確信の下に、書いてみました。明日はライブの仕事もありますが。日曜日ですし、今のところ臨床の仕事は入っていません。

大学教員を辞め、この名刺一枚で仕事をするようになって、辞める前とはいろんなことが変わりました。基本的に、お仕事を終えられた方がクライアントとしてお出でになります。ですから人が働いていない時間帯に行う仕事です。学校という場で教員という仕事も兼務していた頃には思いもよりませんでしたが、明らかに夜型の生活となり、土日にも働いていますし、音楽も仕事のうちです。いい加減なことでも言おうものなら叱られます（まだ、新米なのです）。

名刺に相応しい生活パターンとなっておりますので、随分と深くまで、仕事を仕事として行えるようになったと感じているところです。

おわりに、あるいははじまりのおわりに

本書の原稿をとあるコンサルタントの先生にもファーストリーダーの一人として、読んで頂けました（二人して何やら怪しげな策略を巡らしているさなか、にです）。早速、「オモシロイエッセイですね」とコメント頂いたところです。

フロイト先生は、かのゲーテ賞を取ったほどの文筆家。ワタクシの恩師である前田重治先生も、多くの精神分析的エッセイを出版されております。そういえば前の日本精神分析協会会長の松木邦裕先生も『精神分析臨床家の流儀』（金剛出版、二〇一〇年）だなんて、素晴らしいエッセイがありますし、現会長の藤山直樹先生にも『精神分析という営み―生きた空間を求めて』（岩崎学術出版社、二〇〇三年）という名エッセイがあります。あ。

そういえば師匠の北山修先生も「きたやまおさむ」という作詞家として成功をおさめられております（カラオケの普及で、それなりに著作権料が入っておられるのではないかと密かに推察しております）。モチロン、たくさんの名エッセイも書いておられます。

先達、恩師、師匠に続きたいと思います。

これを書いている二〇二二年には、ワタクシにとっては悲しいことが起こりました。

ワタクシのトレーニング・アナリストであった西園昌久先生がご逝去になられました。

本当に突然のことで、先生ご自身も「明日は、診察する」おつもりだったとも聞きます。

忘れもしない四月のとある水曜日に、都市高速で車を走らせ、お通夜に駆け付けたことを思い出します。ワタクシが言うまでもなく、精神科医療に大変な貢献をなさった先生です。福岡大学医学部精神科名誉教授であられた先生であったのですが、コロナ禍のことも考えられたのでしょうし、ヘンな、儀礼的なことがお嫌いの先生です。ご遺族は訃報を、医局を通して広く門下の先生に伝えることはなされませんでした。おそらく、先生のご遺志であろうと思いました。

多くの精神科医と精神分析家をお育てになられた西園先生です。

本来ならば数多くの関係者が来ておられるはずのところが、それもなく。

しかも、宗教色を一切排して。でした。

ジンとくるお通夜でした。思い返すと今でも涙がこぼれます。

ある意味では親よりも自分のことをご存じかもしれない西園先生に、こう誓いました。「これからは、私も書いて、書いて書きまくります」と。さらに「教えて、指導して指導しまくります」と。

ですから本書の終わりには、これは始まりであることを宣言しなくてはなりません。ニュースにたびたび現れるあの大統領のように。です。

書きたいことはたくさん、あるのです。

我々の中の子ども、あるいは精神病部分について。

あるいは子どもが元気になる仕組みについてさらに。

冒頭で触れましたように、精神分析に関する書物はたくさんあります。大きな書店では、コーナーがあるほどです。しかし翻訳書を含め、どれも小難しく書いてあるようにしか思えないのです。これでは、精神分析が営々と積み重ねてきた臨床研究に基づく知にアクセスしようという人はそう多くは現れません。残念なことだと思います。

そこへの問題意識に基づいて、本書は書き始められました。

何しろこれまで単行本を一冊も書いていないという、その意味では無名の新人です。できる限り多くの人の目に留まりますようにと、書き方や構成を出来る限り工夫したつもりではあります。遠見書房の山内社長からは背中を押して頂き、いくつかの重要なアドバイスも頂きました。

この一冊の本で、世間の多くの皆様に、精神分析のエッセンスをすべてお届けできるとは考えてはおりません。折に触れ、師匠に倣い、先輩方を模倣してあれこれとやっていく計画でおります。

本文中にも指摘したことですが、何かを書くとは何かを書かないということでもあります。

ファーストリーダーのコメントを参考に手直しも施して、この「おわりに」を書いているところでは、今回書こうと思っていたことは書いたように感じております。とはいえしかし、書いていないことはあるのです。書けていないしお伝えできていないことは、まだあるのです。語りつくせたようには感じていないのです。

臨床家を目指す多くの学生さんや、メンタルの不調に苦しむ方、あるいは医療福祉の業界の方、また保育や教育の業界の方に向けて、それぞれに特化したテーマで書ける機会があれば、そうしていきたいと思います。はじめに、のところでも触れましたように、メンタルの不調に苦しむ方に対してはそのことを念頭に置いて、伝えていく書き方があろうかと考えております。

まあ、今回はまずは名刺代わりに、ということで書きました。農業の基本というコメ作りでコンバインがザクザク脱穀していくかのように、脱稿したような感もあります。

現在は書き手であるワタクシが年代的には指導にまわる世代、ということがありますので、この本は、特に若い臨床家に向けて書いた面があります。ですから本書の冒頭で書いたように、親族の皆様が「読んでみて面白い！」という内容とはなってないようです。まあ、訓練のところ辺りは、青春小説でも読むかのようにして頂ければ、と、例えばワタクシの母の十六人いる従弟の一番下というあのお方（母よりもワタクシに年齢が近いので、「お兄ちゃん」呼ばわりしております）には、お伝えすることとします。

精神分析は、かなりコムツカシク、書かれている。

そのことを超えたいと思って本書は企画されました。

この思いは、パンクと言われる音楽の領域をズブズブと嗜んだ、あるいはいまだに嗜むワタクシのその辺の想いと重なるのでしょう。

セックス・ピストルズの、いやその前のジョン・レノンのイマジン♪（想像してご覧よ）と問いを立てたところから続く、あの「アンチ・クライスト！」ですよ。ジョン・ライドンが、がなり立てられさせられたところを、ワタクシは引きずっています。音楽には詳しくない方に一言ご説明いたしますと、ピストルズは実は仕掛け人というか時流を読んだプロモーターによって作りあげられた偶像に過ぎず、ジョン・ライドンはそれが嫌で、早々に自分の新しいバンドを組んでしまった。ベーシストとして知られていたシド・ヴィシャスに至っては、ベースもろくに弾けなかったと聞いています。二人目のジョンは、「させられていた」というわけです。

ピストルズのアルバムは大当たりし、そのボーカリストとして富も名声も得たのに、方法論も得たのに、そこからも自らを解放していった。そこにシビレますね。ワタクシは。

ワタクシは精神分析について、もっと分かりやすく「フロイトはね、人間同士でいるとどうしても起こってしまう三角関係や、派閥争いだなんてことについて、苦しんでいる人って結構いるから、そういう人たちが元気に毎日を暮らせるようにと精神分析という方法を編み出したのよ」と言えばいいと思います。

あるいは「人間っていうのは、本当のところはどうしても出せない部分があるじゃない？　いくら思っていても、相手と面と向かうと言えないとか、実際のところやっちゃいけないこともある。例えば死にたい、殺したいの類いのこと。だから毎日生活を送るってのは、どっか偽って暮らしていることが多いのよ」、「そうそう。でもネット上ではありとあらゆる欲望が日々配信されている。匿名をいいことに書きたいことを書きたいままに書いたりとかさ。アレはどうかと思うでしょ」とかですね。

コロナ禍の下メールでやり取りするだなんてことも増えました。新しいコミュニケーション形態です。ZoomやTeams®だなんてものも、すっかりと世の中に定着したようです。ここでのコミュニケーションに関して、精神分析的見地から本書でも若干触れました。今後さらにさまざまな問題が見えてくることかと思います。そこについて、我々は書いていくべきだとも考えています。

ヤフーニュースだとかを日々見ておりますが、さまざまなご意見がコメントされています。自由に、誰もが世界に何事かを発信できるようになりました。それはいいことだと思います。しかしその世界でも、不自由なことが起こっているように見えています。その不自由さについても、やがてワタクシは書いていきたいと思っています。

そんなこんなでまだまだ書いてみたいことは多々ある、というわけです。

書いてくれ、という出版社もある。かも。

さて。

これからワタクシは何を書いていくのでしょう?

お楽しみに。また、いつか、どこかで。

「さいなら、さいなら、さいなら」(故淀川長治さんを真似してみました)
＊本書を、エラソーに書いてしまいました。スミマセン。同業の尊敬するファーストリーダーのお一人か

ら、ご心配を頂きました。物書きとしては無名の新人ですが、これからはドンドン書いていきます。小此木先生のご著書も本によっては、世に出た際に、ケチョンケチョンな書評も出たことを覚えています。ホント、それを見つけたワタクシが心配になるくらいの、です。でも小此木先生は平気そうでした。それに倣いたいと思います。

＊本書を読まれ、精神分析に関心を持たれた方で、さらに詳しくお知りになりたい方は、まずは以下の文献をお勧めいたします。

文献

青木紀久代編（二〇一九）子ども家庭支援の心理学―【シリーズ知のゆりかご】．みらい．

藤山直樹（二〇〇三）精神分析という営み―生きた空間をもとめて．岩崎学術出版社．

E. T. Gendlin.（1982）Focusing. Bantam Books.（村山正治・都留春夫・村瀬孝雄訳（一九八二）フォーカシング．福村出版．）

厚生労働省編（二〇一八）保育所保育指針解説〈平成三十年三月〉．フレーベル館．

北山修（一九八五）錯覚と脱錯覚―ウィニコットの臨床感覚．岩崎学術出版社．

前田重治（一九八五）図説 臨床精神分析学．誠信書房．

M. S. Mahler., F. Pine., A. Bergman.（1975）The Psychological Birth Of The Human Infant: Symbiosis And Individuation. Basic Books.（高橋雅士・織田正美・浜畑紀訳（一九八一）乳幼児の心理的誕生―母子共生と個体化．黎明書房．）

松木邦裕（二〇一〇）精神分析臨床家の流儀．金剛出版．

中山智哉・加藤考士編著（二〇二二）子ども家庭支援の心理学．学文社．

繁田進監修、向田久美子・石井正子編（二〇一〇）新乳幼児発達心理学 もっと子どもがわかる 好きになる．福村出版．

小此木啓吾（二〇〇二）現代の精神分析―フロイトからフロイト以降へ．講談社．

D. W. Winnicott.（1975）Through Paediatrics to Psychoanalysis: Collected Papers. Routledge.（北山修監訳（一九九〇）ウィニコット臨床論文集Ⅱ 児童分析から精神分析へ．岩崎学術出版社．）

山村豊・高橋一公（二〇一七）系統看護学講座―基礎分野 心理学．医学書院．

索　引

著者略歴
山﨑　篤（やまさき・あつし）

1964年，福岡県に生まれる。

1995年，九州大学大学院教育学研究科博士後期課程（教育心理学専攻）満期中退（なんとまあ，大学に入学するのに1度，修士課程進学にも1度，博士後期課程進学でも1度と3回浪人をするという反復強迫がある）。

1995年，九州大学教育学部助手を経て，1997年には中村学園短期大学（後に，中村学園大学短期大学部に名称変更）に講師として採用され教師を続けた。准教授になったりもしたが，2021年にはお家の事情で退職。

その一方で，大学院入学以来臨床活動を続け，教師となった後もあちこちでフリーランスの臨床家として活動を続ける。

2013年よりお認め頂き，精神分析的精神療法家を名乗るようになる。

現所属　JPS精神分析的精神療法家センター（正会員）

みんなの精神分析《せいしんぶんせき》
その基礎理論と実践の方法を語る

2023年6月25日　第1刷

著　者　山﨑《やまさき》　篤《あつし》
発行人　山内俊介
発行所　遠見書房

〒181-0001 東京都三鷹市井の頭2-28-16
TEL 0422-26-6711　FAX 050-3488-3894
tomi@tomishobo.com　http://tomishobo.com
遠見書房の書店　https://tomishobo.stores.jp

印刷・製本　モリモト印刷

ISBN978-4-86616-173-0　C0011